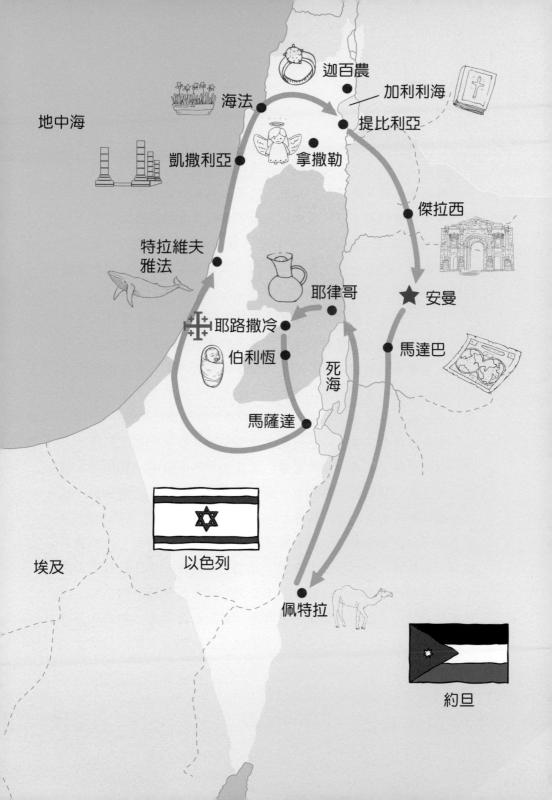

自 序

　　我的職業是旅行，在長途的飛行之中，時常在夜晚時分經過人類的城市上空，在上下均是黑暗的環境中看到一片燈海時，我都會有一種感動，那就是在每一顆燈光之下；都有一個動人故事發生。雖然那些故事我們不可能盡知，但我們會受到那些故事的影響，就像在以色列這塊土地上所發生的事，雖然我們不知道它的來龍去脈，但世界上的每一個角落，都受到它的影響，這就是以色列旅遊的魅力所在！

　　以色列這裡的故事，就像黑暗中的燈海一樣，是人類的成就之一，甚至是某些人的精神指標。世界上的故事如此之多，為什麼這裡的故事會成為指標？那就像上述文字想要表達的，「在黑暗中看到燈海」一樣，是人們演化過程中，必會產生的結果，在生活上人們需要一個目標前進！在生命上人性需要一個光明的存在。

　　當飛機降落，走進以色列這片燈海時，參觀東一個「聖蹟」、西一個「聖蹟」，每一個「聖蹟」其實都經不起吹毛求疵的考古驗證，無法斬釘截鐵地告訴各位，某個故事證明就是在此發生的！這也就是以色列旅遊的第二個魅力所在！有些人叫它是「信心之旅」。因為每一個景點的背後，都存在著人類某方面的光明面！我們要參觀的不是嚴肅的考古，而是參觀它光明面的意義，也正是我們重新去相信善的力量存在，這是世界上任何一地旅遊所沒有的！我在這裡要強調的光明面，不是單指宗教上，更是在生活上，如果在日常缺乏對光明的信心，懷疑別人對我們的行為，例如：東西買貴了，

或是少給了等等，其實是自己為難自己。如果以色列故事中的人物，例如耶穌、諾亞、亞伯拉罕、摩西等人，也像一般人這樣計較，那就不會有那片燈海的存在了。總之，到以色列的一趟旅遊，可能可以使人「體會」信心給人帶來的自在。從事旅遊工作多年之後，我才理解出這個道理，粗淺地明白它的魅力。

許多年前，公司接了個200多人的超級大團前往以色列旅遊，我以領隊的身分，濫竽充數加入其中。在事前的準備工作中，讓人很是沮喪，因為市場上根本就沓寡有它的介紹！到了當地，見到某些團友激動不已，卻有點莫名其妙，於是有了想要知道原因的念頭，追本溯源的想法。但真正行動起來才知道它有多困難！有太多的典故需要被引用，也有太多的限制不可被逾越，甚至面對那些景點故事，訴說它們時，都要格外地小心，否則就將面臨嚴厲的批判！如何以趣味性的方式，來讓大家知道這裡有多好玩，這曾令人感到無力。

最後似乎是有人在耳邊輕言似的，疑惑突然得到解答，那就是用一個「導遊」的身分，說著「導覽詞」，來帶各位讀者去神遊這個地方！甚至我親自畫了許多的景點圖示，讓大家知道我在文中介紹的行進方向。希望各位透過這本書，在當地遊覽時，能知道它背後的意義，可以增加遊覽的樂趣，這是我謙卑的心願。

當然在整理資料的過程，也得到許多人的幫助和指導，在這裡我無法一一銘謝！僅在這短短的篇幅中感謝各位，尤其是拙荊，在我對《聖經》中的情節有疑慮時，她總是為我找出需要的章節，解答我的問題，這本書有她四分之一的功勞。在筆者撰寫的過程中，錯誤在所難免，尚祈讀者不吝賜正。

吳駿聲

2019 年 10 月 18 日

行程安排

✈ Day 1　臺灣 → 安曼　　✈ Day 7　耶路撒冷城外

✈ Day 2　安曼 → 佩特拉　✈ Day 8　耶路撒冷 → 特拉維夫

✈ Day 3　佩特拉　　　　　✈ Day 9　特拉維夫 → 提比利亞

✈ Day 4　佩特拉 → 死海　✈ Day 10　提比利亞 → 安曼

✈ Day 5　死海 → 耶路撒冷　✈ Day 11　安曼 → 臺灣

✈ Day 6　耶路撒冷

目錄

出發・預習

✈ Day1　臺灣→安曼

Chapter
01

猶太人故事

以色列史太難？

Day1
臺灣→安曼

　　各位帥哥、各位美女，大家好！很榮幸由我來帶領大家這次的「聖地」之旅。大家整理好行李之後，請到 7 號櫃檯辦理登機的手續，如果你是個人或商務機票，請至 8 號櫃檯。由臺灣到約旦的阿聯酋班機，需要在杜拜轉機，總飛行時間大約 16 小時。在飛行的途中，先跟大家介紹一個古老而且影響深遠的故事，不但如此，我們還將到故事的發生地，來一趟探索之旅！

　　大家都知道世界有三大信仰系統，就是基督教（含新教、舊教、東正教等，下統以基督教稱之）、伊斯蘭教和佛教，3 教全部在亞洲誕生。其中基督教和伊斯蘭教，由《聖經》和《古蘭經》的一些章節來看，例如：〈創世記〉、〈出埃及記〉等，只是角色的名字不同，最後的結論有些不一樣，故事情節大同小異，幾乎是一個樣。可以看得出，大家都是膜拜同一個對象（不過名字不同，一個叫「耶和華」，一個叫「阿拉」），擁有同一個祖宗。兩教之間相爭千年，根本就是兄弟鬩牆。

交代清楚的故事

　　這個故事要從〈創世記〉開始說起，但那一天是什麼時候呢？1650 年，北愛爾蘭阿瑪爾 (Armagh) 有位大主教烏歇爾 (James Ussher, 1581～1656)，他提出：「上帝創造世界的時間，是西元前 4004 年 10 月 22 日下午」。嘩～！他怎麼知道呢？其實《聖經》中有份詳細的「族譜」，從人類的老祖宗──亞當、夏娃偷吃禁果，離開伊甸園之後，他們繁衍的子子孫孫，每一代的名字都交代得清清楚楚，所以超有耐心的主教，由此慢慢推算出那個日子來。〈創世記〉之後，地球平安無事地過了千年，到了亞當的第十代子孫時，

1 亞當與夏娃

2 創世記，
　西斯汀教堂

3 諾亞方舟，
　西斯汀教堂

發生了一件極為重大的事！那就是「大洪水」毀滅世界！

　　大家可能知道大洪水故事的主角是諾亞 (Noah) ❶，但你知道到大洪水發生時，諾亞已經高齡 600 歲了嗎？〈創世記 7:11〉這麼老的老頭沒去當木乃伊，反而率領著家人，完成一艘 133 公尺的方舟，帶著全體動物的各一對，安然度過浩劫。洪水退去之後，諾亞的 3 個兒子分別離開，往四方重新繁衍人類。其中長子閃 (Shem)，所衍生出的閃族對後世的影響很大，例如：阿拉伯人、猶太人，甚至世界上分布最廣的高加索人種 (Caucasian race, Caucasoid)，都屬於閃族。

　　然後又是十代子孫以後，閃的玄孫的玄孫的玄孫，誕生了一位超級明星——亞伯拉罕 (Abraham)！他在這個故事之中的身分太特別了，尊貴的上帝不但常來找他（注意！是上帝移尊降貴下凡來找亞伯拉罕）。而且他是整本《聖經》中，唯一被上帝稱為朋友的人！〈以賽亞書 41:8〉這有什麼區別？舉個例子：摩西 (Moses) 大家知道吧？有一次摩西依上帝的命令，為以色列人民找水源，只因為和上帝要求的方式不同，就被處罰：不准進入「流著牛奶與蜜之地」，因為上帝叫摩西用「說」的，結果摩西用「敲」的〈民數記 20:8–12〉。但看看亞伯拉罕在〈創世記〉中，為了毀滅索多瑪城 (Sodom) 的事，是如何與上帝進行了一場長篇幅的討價還價〈創世記 18:23–33〉。這位老祖宗能和祂「討論」這麼久，兩者相較之下，真為亞伯拉罕流一身冷汗……。

❶ 1872 年英國大英博物館，喬治 • 史密斯 (George Smith) 發現館內有比《聖經》記錄更早的大洪水故事。在蘇美神話中，主角名叫祖蘇德拉 (Ziusudra)。

老而彌堅的「亞伯拉罕」

　　亞伯拉罕的壽命不像他的老祖先，動不動就幾百歲，在他 175 年的歲月中，故事從 70 歲才開始說起。當時，亞伯拉罕生活的兩河流域，大致進入青銅時代初期，東方的中國進入夏朝，而在西方的埃及已經蓋完金字塔，進入混亂的「第一中間期」。亞伯拉罕本身可能是遊牧民族，跟隨父親——他拉 (Terah) 由別的地方遷到烏爾（Ur，今伊拉克幼發拉底河南部）定居後。有一天上帝對亞伯拉罕說：「你要離開本地、……住到我所要指示你的地方去。我必叫你成為大國，我必賜福給你，……地上的萬族都要因你得福。」〈創世記 12:1–3〉於是就在上帝所許諾的美好願景之下，亞伯拉罕帶著家族，離開了烏爾安穩的生活環境，開始千百公里的流浪旅行。

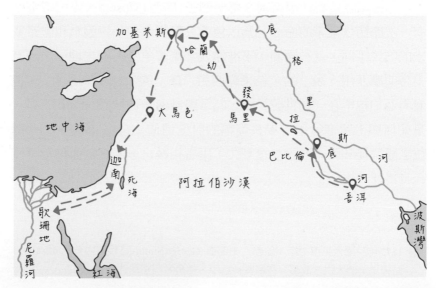

↑ 亞伯拉罕遷徙路線

不知過了多少年之後，亞伯拉罕的家族經過幼發拉底河上流的哈蘭 (Harran)，到達迦南（Canaan，今以色列）地區。不巧迦南地區發生饑荒，整個家族又被迫遷移到埃及去找飯吃。在旅居埃及時，埃及法老王居然喜歡上亞伯拉罕的妻子──撒萊 (Sarai)〈創世記 12:14-20〉。但撒萊那時應該 60 多歲了，這個法老王有點怪怪的。反正，之後故事是這樣說：在上帝的幫助下，撒萊重新回到丈夫身旁，而且亞伯拉罕得到一大批物資，再次來到迦南定居，過著平靜安詳的日子……？才沒有呢！

亞伯拉罕回到迦南後，正巧碰上當地九方勢力互鬥，他的姪兒羅得 (Lot) 不小心捲入了這場紛爭之中，不幸被俘。你以為 80 幾歲的亞伯拉罕老態龍鍾，垂垂老矣了嗎？那你可就錯了，他沒找上帝幫忙，自己披掛上陣，馳騁沙場解救姪兒。上帝以天火滅了索多瑪城和蛾摩拉城 (Gomorrah) 的情節，就是這時發生的。

亞伯拉罕最值得一提的事蹟，不是流浪、不是戰爭，而是他的兒子們，以及其所繁衍的後代子孫。他的第一個兒子是在 86 歲時，由埃及籍的妾──夏甲 (Hagar) 所生的以實瑪利 (Ishmael)，光這一點就讓許多男人羨慕不已。第二個兒子是在他 100 歲時，正妻所生的以撒 (Isaac)，100 歲後，還有另一個妾基土拉 (Keturah) 也為他生了 6 個兒子。從現代醫學的角度來看，還真了不得！

再進埃及，又出埃及

庶出的大兒子以實瑪利後來繁衍成阿拉伯人，正妻所生的二兒子以撒後來繁衍成以色列人，其他兒子，後來成了巴勒斯坦南邊和東邊的北阿拉伯各部族的祖先，因此上述的各個民族都奉亞伯拉罕

為先祖。不過咱們的故事要繼續集中在正妻所生的「嫡長子」，也就是二兒子以撒的身上。以撒生育了一對雙胞胎，分別是體毛很長的大兒子以掃 (Esau) 和機巧倔強的弟弟雅各 (Jacob)。長大成人的兩人，之後為了一碗「紅豆湯」成了世仇，從此分道揚鑣……。以掃遷到我們這趟旅程當中的佩特拉（Petra，今約旦南方），而雅各則在迦南當地繁衍了 12 個兒子，之後因為和天使打了一架，而取得以色列（Isreal，參 263 頁）的稱號，成為以色列 12 支派的始祖。

雅各的第 11 個兒子約瑟 (Joseph)，因為深受父親的喜愛，而遭其他兄弟的忌妒，有一次被兄弟們強行賣到了埃及。沒想到約瑟的解夢能力，使埃及避免了 7 年饑荒的威脅，因此深受法老王信賴，擔任首相的重任。不久之後約瑟的兄長們，因為饑荒到埃及謀生，約瑟不計前嫌原諒兄長，並讓整個家族❷搬遷到埃及定居。直到摩西帶領以色列人離開埃及為止，這一進一出，根據《聖經》上

↑ 雅各以一碗紅豆湯買了以掃長子的身分。《聖經》中記錄他們後來和好了，而《古蘭經》中卻認為兩人從未和好

↑ 拉姆西斯二世，大英博物館

的記載有 430 年〈出埃及記 12:40〉。摩西帶領以色列人出埃及的年代有很多說法，一般認為是在第十九王朝，拉姆西斯二世 (Ramses II, 1303B.C.～1213B.C.) 時發生的，據此往前回推，約瑟帶領族人進入埃及時，應該是外族西克索人 (Hyksos) 統治埃及的時代。

西克索人是個神秘的民族，只知道他們突然從亞洲方向進入埃及，統治數百年，被埃及人趕出非洲後，便去向不明。這種世代交替的事件，會不會是《聖經・出埃及記》中的寫作背景？「有不認識約瑟的新王起來，治理埃及。」〈出埃及記 1:8〉這個「起來」二字可能就是指第十八王朝驅逐西克索人的事。

假設上述時代背景成立的話，就不難理解在摩西時代，以色列人的地位為什麼如此低下。埃及人對西克索政權的感覺，就像中國歷史中遼、金、元的異族統治；在埃及人的眼中，以色列人和邪惡的西克索人是同夥，所以歧視、欺凌，把他們當作奴隸。這時的雅各家族已經在埃及生活 400 年，發展成數萬人規模的民族，當年雅各的 12 個兒子，衍生成 12 支派。

根據天主教《思高本聖經・出谷紀》12:37 註釋 6 的記錄：以色列人的領袖摩西帶領不足 3 萬的猶太人離開了埃及❸（相對其他版本中記載的 200 萬人，3 萬左右的人數比較合理，不然 70 個人在 430 年間，要生出 200 萬人，也太拼命了），在西亞的荒野中流浪了 40 年之後，才在新任領袖約書亞 (Joshua) 的領導下，攻下耶律哥城 (Jericho)，返回迦南，回到「流著牛奶與蜜」的應許之地。這

❷ 天主教《思高本聖經・出谷紀》中記錄此時家族有 70 人。
❸ 這個年代，歷有爭議，有埃及第十八王朝的圖特摩斯三世 (Thutmose III)、第十九王朝的拉姆西斯二世等說法。

個應許之地位於地中海的東岸，是個南通埃及，西達肥沃月彎的交通要道，也是連絡中東和北非地區，強權勢力的必爭之地。以色列人最初佔據這個四戰之地時，並沒有建立一個統一的王朝，而是12 支派各據一方，形成一個「聯盟」。只有在危機時刻，推舉一名稱作「士師」的臨時領袖，統率各派的力量，度過難關。

以色列三位國王

這樣鬆散的制度維持 300 多年後，已經不足以應付日益頻繁的外敵侵略，於是在西元前 1050 年時，便雅憫 (Benjamin) 支派的掃羅 (Saul) 被推舉為第一任的王，團結各族的力量，共同抵抗外族的侵犯。在一次和南方的非利士人 (Philistines) 爭戰中，掃羅王因為敵軍的第一武士歌利亞 (Goliath) 的緣故，連嚐 40 天的敗績，正當士氣萎靡不振時，年輕的大衛 (David) 挺身而出，英勇擊殺歌利亞而聲名大噪！〔文藝復興時期的米開朗基羅 (Michelangelo, 1475～1564)，就是以這個情節，雕刻了著名的大衛像，參 144 頁〕因此掃羅陣亡之後，大衛繼續領導人民，直到 7 年半後，大衛才正式接替掃羅成為第二任的以色列王。

大衛王是以色列人至今仍念念不忘的古代君王，現在「大衛之星」的標誌，還在以色列國旗的正中央。在《聖經》的描述中，他是個優秀的戰士、音樂家和詩人❹，就連穆斯林的《古蘭經》也對他推崇備至。大衛王之後的所羅門王時代，更是以色列的黃金年代，文獻記錄中的所羅門王極有智慧，但是晚年奢華虛榮，大興土

❹ 《聖經》中讚美上帝的〈詩篇〉絕大部分是大衛王的創作。

↑ 大衛擊殺歌利亞，聖母百花大教堂天堂之門

木，耗盡國力。尤其是允許各式各樣的宗教，在國內傳播，使得人民的向心力逐漸喪失。所羅門王去世後，國家瞬間分裂成「以色列」和「猶大」兩個國家。

以色列的分崩離析

那時所羅門王身邊有個侍從，名叫耶羅波安 (Jeroboam)，也不知怎麼得到先知的肯定，加上所羅門王的繼承者——羅波安 (Rehoboam) 不善調解群臣間的糾紛，給了耶羅波安竄起的機會。12 支派中，有 10 支跟隨耶羅波安到北方加利利海 (Galilee) 旁，另外成立以色列國；而羅波安統率剩下的 2 支留在原地，被後世另稱為猶大國。

北國以色列成立後，在宗教信仰上離耶和華越來越遠，不但禁止人民向耶路撒冷城朝聖，還恢復摩西時代憎恨的金牛犢信仰（參

↑ 所羅門王的審判，巴黎聖熱爾韋教堂。所羅門王以智慧辨別真假母親

33 頁），政局動盪了 210 年之後，遭亞述 (Assyria) 滅亡。10 個支派人民，被帶到亞述境內，與當地人民通婚融合，逐漸淹沒在歷史洪流之中，後世稱為「消失的 10 個支派」。南國猶大在以色列滅亡後，仍延續 120 年，才在西元前 586 年，被新巴比倫王國滅亡，人民被迫遷移到巴比倫。

遭強迫移居的猶大國人，因為身處異鄉的恐懼，轉而透過宗教尋求慰藉，他們定期定點聚會，相互安慰、勸勉，逐漸形成猶太教和猶太會館的組織，發展出正規的儀式和系統。半世紀之後，強大的波斯人崛起，征服了新巴比倫王國 (Neo-Babylonian Empire)，成為猶太人的新主人。居魯士大帝 (Cyrus II of Persia, 600B.C.～530 B.C.) 受猶太人堅強的民族意志所感動，同意猶太人返回迦南重建聖殿。從遷徙到返回，今日的猶太人將這段歷史稱做「巴比倫之囚」。

回到迦南的猶太人，成為波斯的附庸。其後隨著亞歷山大大帝 (Alexander the Great, 356B.C.～323B.C.) 征服波斯之後，猶太人進入希臘化時代，先後受亞歷山大帝國、托勒密王朝 (Ptolemy Dynasty)、塞琉古王朝 (Seleucid Dynasty) 的統治。直到塞琉古王朝

↑ 亞述王　↑ 居魯士圓柱，攝於大英博物館。記載居魯士大帝宣布釋放奴隸回鄉

↑ 巴比倫之囚，攝於大衛塔

開始迫害猶太教，導致猶太人群起反抗，使得原本半獨立的哈斯蒙尼王朝 (Hasmonean Dynasty) 完全地獨立。

最後的榮景

哈斯蒙尼王朝存在了將近 180 年的時間，領土雖然比所羅門王時代小一點點，倒也政局穩定，生活繁榮。但西方的羅馬帝國興起，勢力逐漸伸進迦南後，當地遂淪為羅馬帝國的附庸。西元 66 年 5 月，同屬羅馬管轄下的敘利亞人和猶太人爆發衝突，原本只是在凱撒利亞港 (Caesarea) 的小小商業糾紛，因為猶太人之前與羅馬勢力的種種磨擦，最終演變成羅馬企圖以武力，一舉解決所有問題！

在強盛的羅馬帝國面前，渺小的猶太人當然不是對手，但因為羅馬帝國內政問題，直到西元 70 年才開始全面攻擊耶路撒冷城，城破之後，瘋狂地屠殺及破壞；城內的一切都灰飛煙滅，包括輝煌的第二聖殿等建築。僅有極少數的武士和人民，逃至死海西岸的馬薩達 (Masada) 要塞。在被圍困 2 年之後，以守方全員自盡的方式，結束這場戰事（參 179 頁）。

此後，猶太人痛苦地在羅馬鐵蹄的高壓統治之下掙扎求生。

| 1 | 2 | 3 |

1.2 希臘化時期的爭鬥，攝於大英博物館
3 東征時的亞歷山大，龐貝城

西元 135 年最後一次革命失敗後，羅馬皇帝哈德良 (Publius Aelius Traianus Hadrianus, 76～138) 在耶路撒冷建立新城愛利亞卡皮托林納 (Aelia Capitolina)，並把猶太人趕出迦南地區，開始了猶太人千年的流浪，足跡遍布全世界。這段漫長的歲月裡，猶太人靠著宗教的力量，不可思議地維繫著彼此，沒有就此淹沒在歷史巨輪之中，終於到 1948 年復國成功，成就人類史上空前絕後的奇蹟！

好了，聽了這麼長的歷史和傳說，相信大家腦袋開始痛了吧，讓我們脫離古代，回到現在的機艙中放鬆一下。飛機上備有近千部電影，如果你需要中文字幕的影片，請參考座位前方袋中的說明書。另外別忘了向空服員索取「過夜包」，裡面有許多方便的小東西，例如：你想直接睡到杜拜，只要把過夜包中的小貼紙，貼在椅背上，空服員在送餐時，就不會打擾你。使用過夜包裡的眼罩休息一下，更是一個好決定，養好精神，等到了當地，還有更精采的故事等著你呢！

約旦

✈ Day2-3 安曼→佩特拉

Chapter
02

最低的高山
尼波山

Day 2
安曼 → 佩特拉

　　經過 10 幾個小時的飛行後，我們終於到達第一個遊覽的國家約旦，降落在首都安曼 (Amman) 機場。現在大家準備好自己的證件，步出海關、確認好自己的行李之後，搭上我們的觀光巴士。嗯……，經過這麼長的時間，相信大家肚子都有些餓了吧？這樣吧，咱們先到機場附近的餐廳，用些點心……，喂！那位美女別拿這麼多，中東的點心甜度非常高，小心變胖喔～

　　各位都吃得差不多了吧？我們上車前往第一個景點尼波山 (Mount Nebo)。它在安曼的南方，距離才 40 公里，馬上就到。咦～不是尼波山嗎？怎麼到了沒看見山？別急嘛，聽我慢慢介紹。

　　現在我們所在的地方，是死海的東北角，在亞巴琳山脈 (Abarim) 之中，當地人稱為索雅豁 (Syagha) 的地方。死海大家知道吧？它是地表最低的地方之一，從安曼過來時，各位沒什麼感覺，事實上地勢已經緩慢上升

↘ 安曼早餐

俯瞰尼波山

由尼波山遙望迦南地

到海平面 870 公尺了，加上死海位於海平面 400 公尺以下，兩者相加，視野高度可以達到 1300 公尺，如果各位跟上帝的交情夠好，天氣條件又許可的話，可以看到 46 公里外，以色列耶路撒冷東邊的橄欖山！

　　各位有看過 1956 年的一部老電影《十誡》嗎？影片中最後一幕：白髮蒼蒼的摩西，與以色列人民告別，目送長長人龍離去的地方，就是這裡！（傳說啦）這個場景在《聖經》中有其感傷的一段。在經歷 40 年艱苦漂泊後，摩西日漸油盡燈枯，上帝要摩西到達這裡，指給摩西觀看「應許之地」，服侍上帝這麼久，只得到這一眼的報酬，以及死期的預告……〈申命記 32:49–50〉。實際來到這裡，想起這段情節，不禁感傷。

　　景區的入口處有塊大石碑，叫做「約旦之書」，是為了紀念 2000 年 3 月 19 日，當時教宗若望保祿二世 (Ioannes Paulus II, 1920～2005) 到此訪問而立的。各位可以發現它故意做成一本殘破的書，這本破書就是《舊約聖經》。在書頁當中，隱約可以看到幾

張人臉，此時就要考考大家對《聖經》的熟悉度啦，你能說出幾個人物呢？會不會想到帶領以色列人出埃及的摩西、領導攻佔迦南地區的約書亞、能夠解毒的以利沙 (Elisha，參 59 頁) 和奠定國家基礎的大衛王等等，你說他們是誰、就是誰！

　　路邊有塊大圓石，沒啥意義，是當地發現的一塊封門墓石。再往前走，左手邊有個建築物，其實它是個大罩子，用來保護 1930 年所發現的一個古老教堂。這座教堂是 4 世紀初期所建造，有 1700 年的歷史，是一個以紀念摩西為主的地方。內部以極為細緻的「馬賽克」鑲嵌成的各種鳥獸的圖案。什麼是馬賽克？那是一種用有顏色的小石頭，磨平之後，拼起來的圖案技術，簡單說就是拼圖。好了，我接著介紹：這座教堂內有一幅巨大的人類文明發展圖，是以各種動植物，來描述人們由狩獵、農耕到宗教信仰的過程，搭

↘ 人類文明發展圖

↑ 約旦之書石碑

← 若望保祿二世親手栽種的橄欖樹

配上面希臘文的說明。圖案的布局繁複、色彩鮮豔,是典型的拜占庭風格,非常具有可看性。

　　來、來、來,咱們要從教堂旁邊繞過去,途中會經過一棵橄欖樹,那是前教宗若望保祿二世為了祈禱世界和平,而親手栽種的。到了觀景臺後,可以居高臨下,開闊的視野令人心曠神怡。怎麼樣?我說的沒錯吧!臺上還有個指示牌,告知旅客著名地標的方向和距離。

　　觀景臺背後,有一件 1984 年義大利佛羅倫斯人吉安尼‧凡陶尼 (Giovanni Fantoni) 的銅蛇柱作品,這也是為了紀念摩西……。

　　典故由來是:以色列人被摩西帶出埃及之後,有些以色列人民不但不感激脫離了奴隸的生活,反而處處責怪摩西的不是,摩西拙於言詞處處忍耐,但他的老闆上帝不滿。於是施放火蛇造成以色列人民莫大的痛苦。人們於是回頭向摩西求救,摩西盡釋前嫌,再度舉起分開紅海的牧羊杖,將毒蛇收在杖上,然後叫所有曾被毒蛇咬

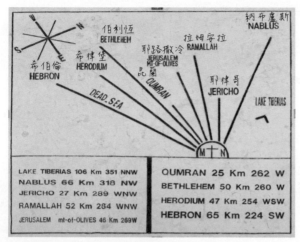

← 尼波山上的方向標示

囑，痛不欲生的人抬頭仰望蛇杖，病痛居然真的不藥而癒！這個故事影響到全世界的醫療標誌上，至今都有這個圖案。

　　這裡是埃及王子摩西的臨終之地嗎？有他的墳墓嗎？抱歉，目前沒發現。此地的意義，是懷念一個完美領導人。他的故事給人的啟示是：身為一個領導者，不求榮華富貴、不計利害得失、沒有舌燦蓮花的政治語言、沒有金光燦爛的排場儀仗，而且面對一群悖逆的以色列人，仍然能夠保有最大的耐心，任勞任怨。他堅強地執行自己擔負的責任，對百姓萬分慈愛，辛勞大半輩子，不為享受成果；這樣的領導者，這樣的事蹟，成為所有領袖效法的目標！

　　其中最能表現摩西堅忍意志的，莫過於帶領族人在曠野中流浪40 年。根據《聖經》的說法，以色列人是依照上帝的意思在曠野中流浪。也許你會問：上帝不是很厲害嗎？可以立刻讓以色列人到迦南地區生活，為什麼要在曠野中流浪這麼長的時間？

　　這是根源於二件事。第一件是摩西在埃及西乃山 (Mount Sinai)

1 銅蛇柱
2 聖凱薩琳修道院：燃燒的
　荊棘聖樹
3 西乃山牛犢遺跡
4 西乃山下傳說猶太人民等
　待摩西歸來營地

摩西紀念教堂

上領受「十誡」時，以色列人在山下鑄造金牛犢，膜拜異教神，這已經讓祂老人家不開心了。而真正的導火線是第二件事：當他們到達迦南時，卻畏懼那塊土地上的武力，不相信上帝的力量，不敢前進。這兩件事加在一起，終於讓上帝情緒爆發：「這惡會眾向我發怨言，我忍耐他們要到幾時呢？……按你們窺探那地的 40 日，一年頂一日；你們要擔當罪孽 40 年……。」〈民數記 14:27–35〉。因此這些懷疑上帝的人，沒資格進入上帝所恩賜的地方，直到 40 年後，這些人漸漸逝去，新生的一代產生之後，才能接受上帝所恩賜，進入「流著牛奶與蜜之地」。但這時摩西已經是個 120 歲的老人，生命的火焰也即將熄滅。在人生的盡頭，上帝把他帶到這裡，看到「應許之地」後，呼出最後一口氣，上帝親自將他埋葬……。

Chapter
03

一張破爛的藏寶圖

馬達巴地圖

Day 2

安曼→佩特拉

→ 馬達巴販賣馬賽克藝品的小店

　　離開尼波山之後，接下來將前往馬達巴 (Madaba)，距離僅 10 公里左右，不用 20 分鐘就到。我們要去看幅古地圖，全世界就這一幅，別無分號。這是 1400 多年前，以東正教的觀點，用馬賽克方式拼出來的迦南地圖。有考古學家依據圖中所示，找到失傳已久的地方喔！

　　好了！我們到馬達巴了，要步行一小段路，順便欣賞一下這個人口大約 6 萬人的小城鎮。大家走路一邊注意不長眼的車輛，一邊聽我說：大約在 2～6 世紀間，地中海文化圈流行一種以彩色石頭拼貼而成的圖案，稱為「馬賽克」。這個小城鎮的工匠，當年就以這項技術，聞名地中海區域。基督宗教成為羅馬帝國國教以後，許多教堂都請這裡的工匠，去為各地的教堂製作美麗的馬賽克圖案。你看道路兩旁有許多販賣馬賽克藝品的商店，可見遺風尚存。

　　前面就是我們的目的地聖喬治教堂 (Saint George's Church, Madaba)。咦～？不是說有 1400 多年嗎？這個教堂看上去沒這麼老啊，是不是騙人啊？大家別心急，這不是還沒進去嗎，聽我介紹嘛……。你說的沒錯，現在大家所看到的這個聖喬治教堂歷史才百年出頭，是蓋來保護聖地地圖的。各位請先到講解室中坐下來，我慢慢講給你聽。

　　這幅馬達巴地圖應該是 6 世紀，查士丁尼大帝 (Justinian I, 482～565) 時期的作品。那時地圖在一座東正教教堂內，推算當年

是以 230 多萬片馬賽克黏貼而成的。由於時間久遠，加上教堂改建時的破壞，如今僅剩下長 25 公尺，寬 5 公尺，約原始四分之一的大小。雖然如此，它還是世界上最古老的中東地圖！從那時開始，隨著千年時光過去，這個偉大的作品不知何時被人遺忘、一片一片消失，具體被破壞的原因不明，有人說因為地震，有人說因為戰亂。這幅地圖在 1884 年重新被人發現後，於 1896 年建造現在的教堂加以保護，可是已有四分之三的面積永遠消失了。

現在大家看圖，可以清楚看到中央有個長形的水域，那是死海，為了讓你知道那是水，還特別情商作者做了兩艘船在上面。死海向左連接著一條臍帶，那是約旦河。河流中有個非常有趣的情節，是刻劃了兩條魚相對……，但其實牠是同一條魚，這個故事是：一條魚順著河游到死海，結果……嘩！打死賣鹽的，太鹹了！又逆游返回，所以形成兩條魚相對，表示死海不適合魚類生活。在死海的下方，就是耶路撒冷，整幅地圖便是以此為中心，標示出中東、死海、埃及的西乃半島和尼羅河三角洲等地區，並且以東正教的文字標示了 156 個地名。

→ 馬賽克畫

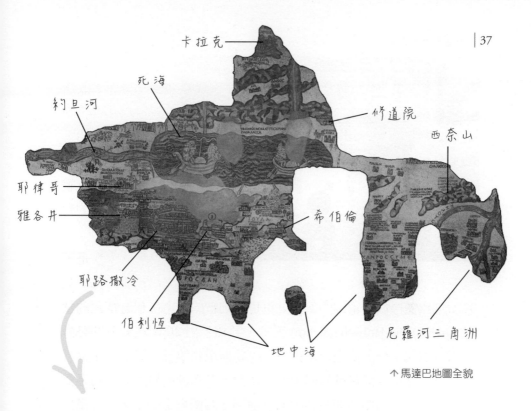

卡拉克

死海

約旦河

修道院

西奈山

耶律哥

雅各井

希伯倫

耶路撒冷

伯利恆

地中海

尼羅河三角洲

↑ 馬達巴地圖全貌

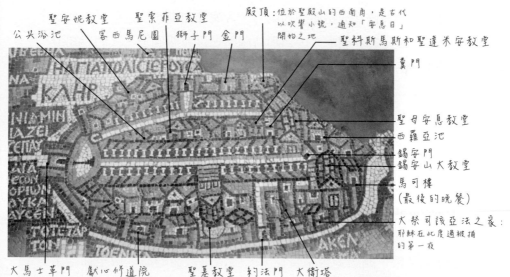

聖安妮教堂　　聖索菲亞教堂

公共浴池　　　客西馬尼園　獅子門　金門

殿頂：位於聖殿山的西南角，是古代
以吹響小號，通知「安息日」
開始之地

聖科斯馬斯和聖達米安教堂

糞門

聖母安息教堂

西羅亞池

錫安門

錫安山大教堂

馬可樓
（最後的晚餐）

大祭司該亞法之家：
耶穌在此度過被捕
的第一夜

大馬士革門　　獻心修道院　　聖墓教堂　約法門　大衛塔

↑ 馬達巴地圖：耶路撒冷城

← 作者介紹馬達巴地圖

　　耶路撒冷城是本圖的重心，也是最細緻的地方，包含聖墓教堂 (Church of the Holy Sepulchre) 等等，共標示出 20 個地名。耶路撒冷城向右隔了一大片空白之後，是巴勒斯坦到埃及，以及地中海東岸的濱海城市，然後就是尼羅河三角洲，三角洲的附近是摩西領受「十誡」的摩西山（即西乃山）。地圖上有個奇怪的地方，就是把尼羅河三角洲畫在耶路撒冷的東方，大家都知道埃及是在以色列的西南方，這是為什麼呢？因為那時羅盤還沒有傳過去，人們只知道沿著地中海一直走，就到了埃及，不知道轉彎了嘛。

　　知道這幅地圖的背景之後，現在我們要進入聖喬治教堂，所以不得不介紹一下聖喬治 (Saint George)。根據記載：聖喬治生存於 3 世紀，誕生在土耳其的卡帕多奇亞 (Cappadocia) 地區。據說他的父母雙方都是基督徒，父親過世後，母親帶他回到自己的故鄉巴勒斯坦，不久後他成為一名羅馬士兵，因為作戰勇猛且富謀略，最後升為掌握萬名士兵的司令官，就這一點來說，也算是奇蹟了。

　　但西元 303 年，羅馬第 51 任皇帝戴克里先 (Diocletian, 243～316) 上任後，開始迫害基督徒，一張清算教徒的命令傳至喬治手

↑ 聖喬治教堂　　　　　　　　　↑ 聖喬治教堂內部

中時，他居然撕毀皇帝的命令詔書，並且公開承認自己的信仰。他辭去司令官一職，被捕入獄受到各種酷刑，以生命維護自己的信仰。也有一個傳說：戴克里先的妻子，對喬治忠於信仰的堅毅精神印象深刻，因而皈依成為基督徒，最後也同樣因信仰受到處決。

　　這樣看起來，聖喬治只是一位「聖人」，怎麼很多國家都將他立為「守護者」呢？這要歸功於 13 世紀的熱那亞 (Genova) 主教：雅各‧德‧佛拉金 (Jacques de Voragine)，他妙筆生花地將聖喬治寫入《黃金傳奇》(*Legenda Aurea*) 一書中。

　　這本小說大意是：在非洲的利比亞，有座西蓮城，臨近一個巨大如海的大湖而建。不久，來了一隻惡龍居住在大湖之中，時常侵襲西蓮城。為了讓牠鎮靜，居民每天提供兩頭羊，投入湖中餵食惡龍，以免惡龍侵犯他們。後來，羊不夠了，就改為每天一頭羊和一位青年人，而且由抽籤來決定。有一天，國王的女兒被抽中，國王雖然不捨，但迫於人民的壓力，不得不將公主鎖在湖旁。正當惡龍準備要享用祭品時，聖喬治就在這一刻趕到，用長矛把龍殺死，挽救公主的性命。為此，國王和居民都領洗、入教。

　　就像《三國演義》深入人心一樣，《黃金傳奇》的故事影響了整個西方世界的藝術圖像，聖喬治象徵了與邪惡抗爭，獲得勝利！所以受到基督信仰世界喜愛。無論是羅馬公教還是希臘正教，聖喬治的英雄形象都深入人心！英國甚至以他作為國家的守護者，驕傲的米字國旗上，就有聖喬治的標誌以及聖派屈克十字 (Saint Patrick's Cross)。其他如西班牙、德國、莫斯科的幾十個城市或地方，也都極為崇敬，奉他為守護者。

　　接下來大家可以隨意參觀一下，20 分鐘後門口集合，待會兒有段 4 小時的路要趕，想買馬賽克藝品的人可以把握時間選購，之後的行程中比較少見，而且樣式沒這麼多。不過如果現在購買，接下來行李要扛 10 幾天，大家要有心理準備。

↑ 聖喬治像，莫斯科馬內茲廣場

Chapter
04

佩特拉

隱藏的玫瑰天堂

Day 3
佩特拉

　　各位朋友，從馬達巴經過大約 4 小時左右的車程，我們抵達佩特拉 (Petra) 了。不過天色已黑，要先入住酒店。今天要住的酒店就在風景區大門口，屬於國際五星級的喔！附近雖然也有建築方式粗獷的貝都因 (Bedouin) 風格飯店，但都沒有這裡方便，而且旁邊有些夜店，吃過飯後大家可以出去逛逛，精力旺盛的朋友，不妨考慮參加佩特拉古城夜遊，壯麗的峽谷和古城，晚上點上蠟燭，別具風味，堪稱一絕！活動僅在星期一、三、四舉行，現場還有音樂和吟詩，要參加的朋友，咱們大廳集合。如果想要好好睡上一覺，也是不錯的選擇，因為明天的行程超費體力，那麼晚安！明天見！

　　過了一晚咱們又見面了，貼心小提醒：你，做好防曬工作了嗎？相機電池有沒有多帶一顆？在這裡可會拍很多很多照片喔。還有多帶幾張美金 1 元鈔票，方便上洗手間。

　　佩特拉一詞在希臘語中，是岩石的意思。這座岩石實際上是個山脈的一部分，位在約旦裂谷東岸南段，從以色列北方的加利利海

↘ 佩特拉位於約旦裂谷中

(Sea of Galilee) 南邊，一直向南延伸到亞喀巴灣 (Gulf of Aqaba)，氣勢磅礡，在古代被神格化為靻須爾神 (Dushara)，伊斯蘭教盛行之前，是中東地區的重量級大神。就是在這座山脈中，隱藏著絢爛的佩特拉！整座城市幾乎是從岩石中，一刀一斧開鑿出來的。

佩特拉在距離約旦首都安曼南方 250 公里處，在《聖經》中被稱為西拉 (Sela)〈列王紀下 14:7〉。它所在的位置十分關鍵，東與波斯灣隔著沙漠，西臨加薩走廊，往南經亞喀巴灣，可抵達紅海再到印度洋，向北可通往大馬士革；古代陸路貿易興盛時，有 3 條重要商業路線在此交會，因此曾經盛極一時。

走進入口後不久，我們會先遇到一個馬站，這是當地貝都因人所設立的，大家可以選擇一匹駿馬騎乘。別逞強步行，後面的路還長著呢！先節省體力，光這一段路就差不多 1.5 公里。

悠悠地騎著馬……，注意咱們的右側，首先映入眼簾的，是人工雕刻的方形巨石，象徵保護佩特拉的神靈靻須爾。靻須爾神

← 策馬緩行

↑ 靯須爾巨石靈

的形象，類似早期佛陀，不以人形作為偶像，而是以方形石作為代表。繼續前進，請看左邊有個以東人（Edomites，以掃的後裔）墓葬形式的代表建築物方尖碑墓。以東人的墓室很特別，他們在岩石上雕鑿出 2 層以上的建築，地面層是家族聚會場所，先人的遺體則收在上面的樓層，至於頂上的陵柱則代表墓室內先人的數量。

講到以東人，就得說說《聖經》的故事：以色列人的先祖亞伯拉罕生了以撒，以撒生了以掃和雅各雙胞胎。結果兩人為了一碗紅豆湯鬧到分家，雅各繼承父業，成為以色列 12 支派的始祖；以掃

以東人的方尖碑墓

則離家出走，後代繁衍成以東人，在西元前 1300～前 800 年左右移居至此。當以色列人到埃及寄人籬下時，以東人已經形成一定規模的勢力。兩者雖系出同門，卻衝突不斷。從摩西時代，一直到所羅門王，乃至以色列分裂成南北兩國，以東人和雙方都曾有過多次戰爭。新仇加上舊恨，當巴比倫帝國攻陷猶大首都耶路撒冷時，以東人甚至出兵幫助追捕猶大國人。南國猶大居民被迫移居後，以東人興高采烈地離開佩特拉，佔據了猶大國的領土，展開另一段故事。

以東人離開後，西元前 169 年納巴泰人 (Nabataeans) 的首領亞理達一世 (Aretas I) 將佩特拉立為王國首都，在這裡進行貨物轉運，收取貨物稅、過路費，並為過路的旅客、商隊提供食物與水源。歷經 17 位統治者，在西元 106 年被羅馬帝國征服，淪為行省。成為帝國的行省之後，佩特拉財富仍舊驚人，超過帝國整體貿易額的四分之一，是帝國最繁榮的行省。直到 3 世紀時，由於海上貿易興起，陸路商隊逐漸減少，佩特拉逐漸走出人們的記憶之中，僅剩極少數的貝都因人在此生活到今日。

說著說著，就走到著名的蛇道了。千年前的佩特拉住民，居住在隱密的阿拉伯谷地中，除了艱苦卓絕的山路，就只有這條隱蔽的對外聯絡道路。只要通過蜿蜒小徑，眼前就會豁然開朗，若非這裡缺乏水源，不然簡直是中東版的桃花源！

在蛇道入口右上方有個歷經千年風霜的神龕，代表山神靼須爾保護佩特拉，不受外侵。這條道路是千百萬年來，經雨季洪水沖刷而成，一路上都是洪水雕刻出的怪石，在陽光照射下，不斷幻化成金黃、橙黃、土黃、泥褐、深褐、赭紅、豬肝紅及紫紅等光怪陸離的顏色，讓人有踏入神奇玄妙之境的感覺。

佩特拉被人遺忘千年，直到 1812 年，瑞士人伯爾克哈特 (John

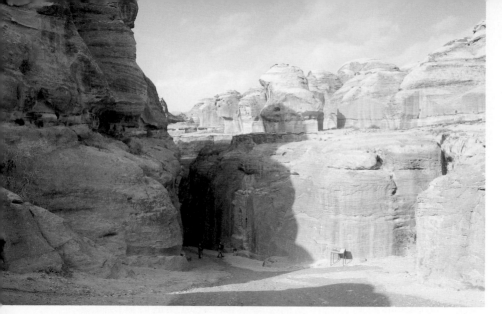

Lewis Burckardt) 才將它喚醒。伯爾克哈特這位老兄生於 1784 年的瑞士，在英、德兩國接受過良好的教育。當時穆斯林世界極度仇視西方世界，可是因為伯爾克哈特能說一口流利的阿拉伯語又學富五車，因此被當地人誤以為是個穆斯林學者，而備受尊崇。他在沒有受到任何阻礙危險之下，盡情暢遊這個偉大，而且被人遺忘的古城。之後他出版了一本《敘利亞聖地旅行記》(*Travels in Syria and the Holy Land*)，在西方世界造成轟動，點燃歐洲人對佩特拉的激情！

　　1830 年，另一位法國人利昂・德・拿波德 (Léon de Laborde, 1807～1869)，出版了一本《佩特拉阿拉伯之旅》(*Vayage de l'Arabie Pétrée*)，內容是附有佩特拉插圖的遊記，以及 1939 年英國畫家大衛羅伯茨 (David Roberts, 1796～1864) 的畫作展示，這些旅遊的先驅者，圖文並茂描繪此地莊嚴堂皇的石雕墓地及神廟，在歐洲引發幻想的傳奇。

　　蛇道之中有許多宗教性的物品，例如剛才看到的靼須爾神龕，一路上就有很多，道路上有個祭臺是最重要的宗教性物品。沿路的

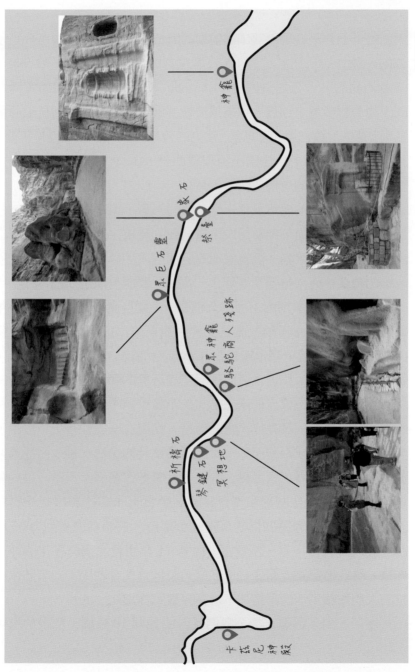

蛇道景點

神龕

哦石

祭壇

眾巨石壟

哦神龕

駱駝商人殘跡

祈禱石

珞鏈石

冥想地

卡茲尼神殿

兩側可以很容易發現沿著山體前進的溝槽，那是佩特拉城市收集水源的一種方式。通過這條 1.5 公里左右的西克峽谷 (Bab Al-Siq)，隱隱約約的，卡茲尼神殿 (Al-Khazneh) 就慢慢出現在山峽隙縫之間，隨著腳步越來越近、越來越清晰。這座卡茲尼神殿阿拉伯語稱為「卡茲尼厄爾法隆」意思是「法老的藏寶庫」。它建於 2000 年前，納巴泰王國的第十一任國王亞理達四世 (Aretas IV) 時，是玫瑰古城中雕刻最精緻的一個建築物！

卡茲尼神殿的建築風格深受希臘的影響，但雕鑿方式卻是在一塊巨岩上，由上而下開鑿而成！最上面的寶瓶，被法老的藏寶庫之名所累，而彈痕累累。因為當地的貝都因人，以為寶瓶中有法老所收納的寶藏，而用槍彈意欲擊穿，希望財寶能夠破瓶而出。

神殿的其他雕刻由上而下分別是：4 隻巨鷹、6 個手持雙刃斧的亞馬遜族女戰士、埃及魔法女神伊西斯 (Isis)、蛇髮女妖美杜莎 (Medusa)、以及雙子星卡斯托耳 (Castor) 和波魯克斯 (Pollux) 等等。這些冥界的象徵，使得卡茲尼神殿充滿奇異的聯想。

卡斯托耳與波魯克斯兩兄弟，是希臘神話中的馴馬高手，也具有把死者靈魂帶往冥界或天堂的任務，蛇髮女妖美杜莎更不用說，看到她的人會變成石頭而死。伊西斯是埃及的復活女神，而亞馬遜族女戰士正舞動著死亡之舞，歡送著巨鷹把亡靈送上天堂。這些雕塑的背後含義為什麼都和冥界有關？事實上卡茲尼神殿是納巴泰王國極盛時期亞理達四世的家族紀念墓碑。它的墓室直到 2003 年時才發現：神殿下有 4 座墓室、內有 11 具遺骨。因為千年的沙土堆積，現在看起來反而像是地下室。所以這個神殿除了向來訪佩特拉的人們炫耀當地的富裕外，還具有實質作用。

好了，到了這裡之後，我們就自由拍照 10 分鐘，然後前進！

寶瓶

巨鷹

巨鷹

手持雙刃釜的
亞馬遜女戰士

手持雙刃釜的
亞馬遜女戰士

蛇髮女妖
美杜莎

埃及復活女神
伊西斯

希臘式山牆

雙子星
卡斯托耳

雙子星
波魯克斯

↑ 卡茲尼神殿圖示

待會兒因為各人要看的角度不同，所以可能會分散。要知道佩特拉古城雖然巨大，但路線很簡單……，只要記得回來集合的時間就可以。回程的時候，如果體力不支，可以雇個馬車或驢子，要注意這裡的收費有 3 段：由這裡到飛獅神殿、飛獅神殿開始要上山到修道院的來回、從卡茲尼神殿回到馬站；與貝都因人議價時要講清楚。

帝王山谷

離開卡茲尼神殿後就走到一個峽谷內，這個峽谷叫法沙特街 (Street of Facades)，兩側有許多古代王陵和平民墓室。行走大約 20 分鐘後，在左側有一個大約可以容納數千人的羅馬式劇場。這座劇場也是個工程奇蹟！在岩石上一體成型雕刻而成，令人嘆為觀止。在劇場上方有一大片石墓室，是屬於比較早期的作品，這種與先人共樂的場景，倒也形成有趣的畫面。走過法沙特街後，眼前逐漸開朗，從這裡開始，右手邊一連串雕刻在岩壁上的壯觀陵墓，被稱為帝王山谷。第一個是烏內舒胡 (Uneishu) 墓，它是少數有銘刻知道是屬於誰的墳墓，即納巴泰第十三位統治者，莎基拉斯女王 (Shaqilath) 兄弟的墳墓。

烏內舒胡墓的旁邊是阿涅修 (Aneisho) 墓，裡面有一張大石桌和兩個板凳，都和這座墳墓一樣，是一體成型雕刻出來的，之所以有這樣的設施，是為了方便家人前來祭祀時使用。阿涅修墓的對面、這條道路的左側有條山路，通往佩特拉鮮為人知的地方，會經過十字軍堡壘遺跡等地，不過屬於高難度的路線。

通過法沙特街之後，高聳的金甕石墓是帝王山谷最容易辨認的石墓。由於谷中的陵墓絕大多數不知姓名，所以因這座陵墓頂上

1 烏內舒胡墓
2 阿涅修墓
3 金甕石墓
4 科林斯石墓
5 羅馬式劇場

精美的寶瓶而命名金甕石墓，但當地人卻稱為法院。想要從高處觀看佩特拉的景色，攀登這座金甕石墓是最佳選擇！不但視野開闊，而且石墓內的天然紋路顏色非常絢麗又鮮豔！在山路中有個廁所，位於美麗的石室裡，值得去解放一下。隔著一個不知名的小石墓旁邊，就是絲綢石墓，以外表的紋理像絲線而命名。科林斯石墓由於門前刻劃著希臘式的科林斯柱式 (Corinthian Order) 而命名，而最後的宮殿石墓則是因其外形命名。以上這些石墓除了內部美麗的石頭紋理外，已經沒有任何陪葬品存在了。

　　各位體力還好嗎？其實到現在我們大約才走了一半的路，如果算上回程才四分之一而已，夠吐血了吧！咱們離開帝王山谷之後，就會來到列柱大街，它和帝王山谷形成一個丁字形的相交。這條古街非常明顯是深受希臘羅馬風格影響，此形式的公共工程，在中東地區的古蹟中並不罕見。行走在這古代的商業貿易中心時，右手邊第一個殘跡是拜占庭教堂，第二個是飛獅神殿。並不確定是為哪個神明所興建的，是供奉埃及的伊西斯與奧塞里斯 (Osiris)？或者是曾經盛行在阿拉伯半島的烏札女神 (Al-Uzza)？都有可能。因為佩特拉是個國際都市，各國商人都會在這個貿易中心

← 列柱大街

→ 卡斯爾賓特神殿

出入，能看到自己國家的神明，總是幸福的，所以飛獅神殿是個眾神的會所也說不定。因為沒有定論，於是人們以遺跡中明顯可見的飛獅圖騰來命名。

列柱大街的盡頭就是卡斯爾賓特神殿 (Qasr Al-Bint)，以原住民貝都因人的話來說，意思是法老之女宮殿，其實它是古代納巴泰人主神軺須爾的殿宇，也是佩特拉最大的神殿。神殿前有個和殿宇面積一樣大的廣場，納巴泰人號稱是富人中的富人，想必當年常在這裡舉行盛大的慶典。雖然經過千年來的地震和人為破壞，現存神殿內的布局還是可以令人輕易遙想當年的壯麗！

除非你有過人的體力，否則走到這裡，已經快 5 公里了，還想繼續挑戰嗎？好！還有修道院等著你。那是一條艱辛的山路，為了保留回程的體力，各位可以考慮在神殿附近找小驢走山路（單程或來回），至於價格要和驢販討價還價，大約驢販開價的 6 成可以成交，如果你能夠用三分之一費用成交，算是高手中的高手了！

卡斯爾賓特神殿後面的登山口，大約有 800 多階，攀登約 1 個多小時，就到了代爾 (Ad-Deir) 修道院。為什麼叫修道院？那是因為在拜占庭時期，這裡曾經被當作修道院使用。但根據牆面上的題詞，此處應該是納巴泰王國的第五任國王奧博達一世 (Obodas I) 的

1 蛇道盡頭的卡茲尼神殿
2 登山道
3 佩特拉景點示意圖

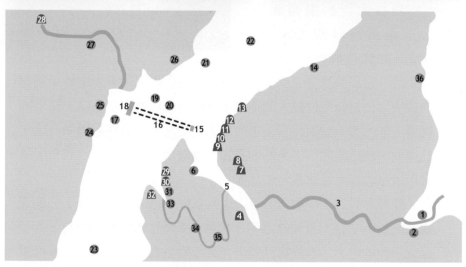

1 象徵神靈的巨石塊	11 科林斯石墓	21 康威塔	31 蓄水池遺跡
2 方尖碑石墓	12 宮殿石墓	22 村落遺跡	32 修道院
3 蛇道（西克峽谷）	13 塞克斯特斯石墓	23 蛇紀念碑	33 神殿廣場
4 卡茲尼神殿	14 聖多羅西斯房	24 未完成的墓	34 噴水獅子遺跡
5 法沙特街道	15 羅馬街道入口	25 圖書館遺跡	35 祭壇
6 羅馬式劇場	16 列柱大街	26 土庫曼塔	36 十字軍堡壘遺跡
7 烏內舒胡墓	17 卡斯爾賓特神殿	27 雙獅子壁刻	
8 阿涅修石墓	18 拱形門	28 修道院	
9 金甕石墓	19 飛獅神殿	29 希臘風格石墓	
10 絲綢石墓	20 拜占庭教堂	30 殘破山牆石墓	

陵墓。這座修道院也是整座石山一體成型所建成，外表比卡茲尼神殿更清晰、細緻、光滑，而且風光秀麗，是佩特拉最後一個景點。

　　修道院附近有個飲料店，可以坐下來喝點咖啡，千萬記得一定要在下午 3 點半以前開始下山，回程如果全程步行的話，需耗費 2 個半小時，天黑之後就非常不方便了。此時就知道我們的飯店在風景區大門口，有多重要了吧？豐盛的大餐和舒適的床褥正等著大家，預祝各位成功征服佩特拉！

↘ 代爾修道院

以色列——
橄欖山・耶路撒冷舊城

✈ Day4-7 佩特拉→耶路撒冷城外

耶律哥

Chapter
05

流浪兒的終點
耶律哥

Day 4
佩特拉↓死海

　　異國的陽光升起，代表我們該告別佩特拉古城了。今天要北返，回到首都安曼，經過海關進入以色列的領地。提醒各位，以色列的海關人員非常囉唆，雖然看到我們東方人會放鬆一些，但若受到抽查時，還是很麻煩。他們會將我們的護照一頁頁地翻，問一些奇怪的問題，因此建議大家在這種時候，英語不用說得太流利，否則查驗的時間將會更長。

　　通過海關之後，我們就到了耶律哥。因為這裡種滿香膏樹、橘子、香蕉、棗子等，空氣中充斥著香甜的氣息，所以「耶律哥」的原意是「馨香之氣」，這裡也被稱為棕樹之鄉。

　　由於通過海關的時間難以掌控，進入以色列恐怕會在中午左右，所以我們將在耶律哥一家名叫試探山的餐廳(Mount of Temptation Restaurant)，享用自助餐。這家餐廳有幾個好處：第一，樓下有個大型的紀念品商店，大家可以對以色列的商品，有個初步的了解。第二，耶律哥古城遺址，就在數步之遙。這個遺址在《聖經》中大大有名！餐廳門口有座以利沙之泉，提到以利沙，他是《舊約聖經》中的先知兼神醫，醫術高竿到連水都能醫，厲害吧！

↘ 試探山餐廳與其商品

這個以利沙之泉就是數千年前他治好的泉水，直到今天還能流出甘甜的水質〈列王紀下 2:19–22〉。

　　耶律哥位於耶路撒冷東北方向，約旦河的西岸，而且在海平面近千尺以下，所以可能是最低、最古老的城市。根據考古發現，早在 1 萬 1000 年前就已經有人在這裡居住。為什麼這裡會發展成城市？第一，因為充沛的泉水，像是前面說到的以利沙之泉；第二，這裡位於海平面以下，雖然夏季炎熱，但冬季溫暖，從古至今許多有錢人都來這裡避寒；第三，耶律哥位於死海、地中海、耶路撒冷、加利利海 4 地的交通要道上，所以經濟與貿易十分發達。

　　耶律哥在《聖經》的影響下聞名於世，這裡有著許多故事，例如：古代的以色列人在曠野中流浪時，曾經兩次兵臨耶律哥城下。第一次是摩西帶領族人離開埃及，不久就來到迦南邊境，面對耶律哥城。摩西派斥候前往偵查，斥候回來後，大肆宣傳此城堅不可破，引發以色列人恐懼而不敢攻城。此舉引起上帝的不滿，認為族人對祂的信心不足，因此罰以色列人繼續在曠野中流浪。

↑ 耶律哥古城遺址　　　　　　　　　↑ 以色列民兵繞著耶律哥城牆，攝於百花教堂

　　第二次是流浪 40 年後，摩西在尼波山上把統領以色列人的重責大任交給約書亞，約書亞帶領以色列人，進入「流著牛奶與蜜之地」。根據《聖經》記載：當祭司抬著約櫃領頭，一腳踏進約旦河時，河水居然豎起如壘！〈約書亞記 3:16〉如同摩西分開紅海一般。大家望著高大堅固的耶律哥時，心中不免有些懷疑自己，這一群在沙漠中流浪的乞丐，能攻陷這座城堡嗎？

　　這時眾人的眼光注視約書亞，約書亞背負摩西和族人的希望，長達 40 年的等待，這麼多人這麼久的時間都決定在自己的手中，是多麼沉重的壓力。於是約書亞獨自離開人群，在曠野中漫步沉思，這時遇到一位氣度非凡的人，手上拿著出鞘的刀，自稱是上帝天軍的統帥〔應該是天使米迦勒 (Michael)〕〈約書亞記 5:13–14〉，來教導約書亞攻城的方法。

　　於是耶律哥城外出現了奇怪的現象，4 萬名民兵，安靜地排著長長的隊伍，最怪的是在隊伍的最後，7 個祭司拿著 7 個羊角走在約櫃前，吹著號角，走完一圈就回去休息，一連 6 天都是如此。到

了第 7 天，耶律哥的人民差不多看膩時，以色列的民兵這次居然繞著城牆走了一圈又一圈，一共走了 7 圈。到了第 7 圈結束時，4 萬民兵與其他的 10 餘萬以色列人齊聲呼喊，兩道堅固的城牆居然應聲倒塌！以色列民兵一擁而上，攻陷了耶律哥城！在曠野中流浪 40 年之後，以色列人終於有了屬於自己的地方，不再飄泊流浪了。

耶律哥在《聖經》中不僅是以色列人復興的第一站，在許多章節中也多次提及。像是《新約聖經》中，耶穌曾在耶律哥，醫治過瞎子。也在這裡遇見爬到樹上的稅吏長撒該 (Zacchaeus)，並在他家裡作客。耶穌也是在這裡做了「好撒馬利亞人（Samaritan，以色列人旁支）」的比喻。

這個比喻內容是：一個猶太人遭到強盜打劫，受了重傷，躺在路邊。有祭司和利未人（Levi，雅各之子利未的後裔）路過但不聞不問。唯有一個撒馬利亞人路過，不顧隔閡，動了慈悲心照顧他，更在離開時，自掏腰包將猶太人送進旅店。這個比喻影響深

↑ 撒該的樹。耶穌藉由至撒該家中做客，表示拯救罪人的行為

遠，今天世界各國大多都制定《好撒馬利亞人法》(*Good Samaritan Law*)，這條法律免除自願救助傷者、病人者可能需要面對的責任，讓人在做好事時沒有後顧之憂，不必擔心因過失造成傷亡而遭到追究，從而鼓勵旁觀者對傷病人士施以幫助。

耶律哥在《新約聖經》中最重要的故事，是耶穌 30 歲在約旦河受洗後，面臨惡魔 3 次誘惑，第一次在荒野中受到食物的誘惑，第二次在耶路撒冷聖殿屋頂上，拒絕能力的濫用，第三次就在耶律哥附近的高山上，受到惡魔以統御萬國的無限權柄，誘惑耶穌對其膜拜，耶穌再度拒絕。之後魔鬼離開，天使到來，耶穌就此展開傳奇的傳道旅程。

現在我們也將重新踏上祂的旅程，所以別留戀試探山餐廳的商品，這裡的東西比較貴，而且買了又增加幾天的重量，其他地方也有相同的物品，我們可以在這裡想好想要什麼。所以走吧……以後再買，先搭上車！不要輸給紀念品的誘惑。

試探山

Chapter
06

一隻腳丫子

升天寺

✈
Day5

死海↓耶路撒冷

　　各位朋友們，咱們即將展開本行程的重頭戲，正式開始「聖地」之旅了。享用過早餐後，我們就出發吧！第一站首先前往耶路撒冷城的東方——橄欖山。

　　橄欖山之所以叫橄欖山，並不是長得像橄欖，而是在耶穌時代，這裡種滿了橄欖樹，盛產橄欖油，供給聖殿祭祀和居民日常生活使用。今日，因為受到末日耶穌再臨的信仰影響，變成一片墓地。傳說中救世主再次降臨人間的地點在此，所以很多先人就在這裡等待，希望能搶先復活。

　　車子沿著山路而上，我們在橄欖山的觀景臺下車。在觀景臺居高臨下，耶路撒冷舊城區一覽無遺；很容易可以看到一個金光閃閃的圓頂建築，那就是大名鼎鼎的金頂寺 (Dome of the Rock)！它的東邊（靠近我們這邊）就是金門 (Golden Gate)。

　　金門在耶路撒冷舊城 8 門中，是最具傳奇色彩的一扇！在第二

由橄欖山看耶路撒冷

↑ 金門。耶穌時代的書珊
門，在今日金門的正下方

↑ 升天寺

聖殿時期，這裡叫做書珊門 (Shushan Gate)，直到西元 520 年後，才改名為金門。根據猶太教的說法：當救世主彌賽亞 (Messiah) 降臨時，會由金門進入耶路撒冷。穆斯林也相信：最後審判將在這裡舉行。現在大家看到金門有兩扇封閉的門，左側是仁慈之門，右邊是悔過之門，都要等到彌賽亞降臨時才會打開。

我們現在來到橄欖山上的第一個景點──升天寺 (Chapel of the Ascension)。之所以稱為「寺」，是因為今天這個景點在一座清真寺內。我們要看的地方很小，主要是看耶穌復活後，在升天之前所遺留的一隻腳印。如果各位覺得不像，唉……我只能說：都經過 2000 多年，如果還「新鮮」到容易辨認才有鬼呢！而且這個地方也不是我說了算，那是一位重量級的人物，拜占庭開國君王──君士坦丁大帝 (Constantine the Great, 272～337)，他的母親──聖海倫娜皇太后 (Helena of Constantinople)，親自指認的地點。

　　在西元 326～328 年間，聖海倫娜皇太后來到耶路撒冷朝聖。這位承蒙聖靈恩寵的虔誠教徒，發現許多耶穌當年的聖蹟，包含「真十字架」和這個升天腳印。既然權高位重的皇太后說它是，當年誰敢說它不是呢？

　　聖海倫娜發現聖蹟後，一直維持露天的狀態，直到 1152 年，十字軍才在周圍建起八角形圍牆。1187 年埃及的伊斯蘭教英雄薩拉丁 (Saladin, 1138～1193) 征服耶路撒冷後，加蓋了現在看到的圓頂，成為融合兩種宗教的建築物。

　　進入寺內，中央用石材框起的區域，就是耶穌右腳的足跡。從墓中復活的耶穌，在地上和門徒生活了一陣子，最後就在這裡右腳用力一踏，借力升天去了，留下這個痕跡。對信徒而言，這是耶穌戰勝死亡，復活的鐵證！對教義而言，這是極為重要的法則！如果耶穌沒有復活，基督宗教就完全失去意義。就因為耶穌復活了，而且至今還活著，藉著聖靈使我們心中充滿愛。所以別看這裡簡單，越是簡單越是真理。

　　大家繼續跟我走，下一站就在旁邊。

← 有腳印的升天石

主禱文教堂

Chapter
07

未完工的世界大同

主禱文教堂

Day 5

死海→耶路撒冷

↑ 主禱文教堂

接著我們前往的是主禱文教堂 (Church of the Pater Noster)，就在升天寺的旁邊，一樣和聖海倫娜皇太后有關。主禱文教堂，顧名思義是為了紀念耶穌在北方加利利地區，所提出的「主禱文」而建造。關於這座教堂，有件傳奇的事：2 世紀曾有著作提及，耶穌時常在橄欖山上的一個洞穴中講道。之前提到的聖海倫娜皇太后，也曾經在這塊土地說：「那個洞穴在這裡」，但是千百年來一直沒有發現傳說中的洞穴存在，一直要到 1910 年才發現這個洞穴。不能不說皇太后好厲害啊！有未卜先知的能力。

還沒有進入教堂前，眼尖的朋友會發現：這裡為什麼飄揚著法國國旗呢？原來，19 世紀末期時，法國的圖爾韋涅公主 (Aurelie de Bossi, 1807～1889) 買下了這裡，尋找上述的洞穴，因此名義上這裡是法國的領土。

什麼是主禱文？在基督宗教中，認為「祈禱」是極重要的一種儀式，透過這樣的方式可以直接和上帝溝通。但到了耶穌宣揚祂的理想時認為：那時人們祈禱的內容太自私了，老是希望天主能幫助自己，達到自己想要的私欲，所以耶穌提出正確的祈禱內容，應該是為他人設想，互相友愛，最後才提到自己，這個祈禱內容就叫

「主禱文」。

我認為主禱文的內容和中國的《禮記‧禮運‧大同篇》的精神相近，都是一種對和平的大愛思想。茲引述基督宗教《和合本聖經》的內容如下，並以淺薄的見解說明：

我們在天上的父：願人都尊祢的名為聖。

天父是仁慈的，希望世人都把仁慈納在心中，就是讓天父常駐在心中。

願祢的國降臨；願祢的旨意行在地上，如同行在天上。

其實信徒們和平善良的天國，不只在天上，更要靠我們的力量，建立在世間。

我們日用的飲食，今日賜給我們。

知足常樂，去除貪念，是建築人間天堂的第一條件。

免我們的債，如同我們免了人的債。

「諒解」是建築人間天堂的第二條件，也是愛的表現。「愛」在中國字中含有受、心、反三個字，也就是站在他人的立場思考，這就是愛。

不叫我們遇見試探；救我們脫離兇惡。

在我們為別人的舒適付出這麼多以後，才求自己的平安。或者說付出了那些能帶來我們的平安。

因為國度、權柄、榮耀，全是祢的，直到永遠。阿們！

大家請看，庭園的中央有個王座，是象徵近 2000 年前，耶穌坐在那裡為信徒講道的場景，下方就是耶穌講道的洞穴，裡面可以看到許多人在靜心冥想；感受在相同的空間中，和耶穌在不同的時間交會，讓愛的理念沁入心中。

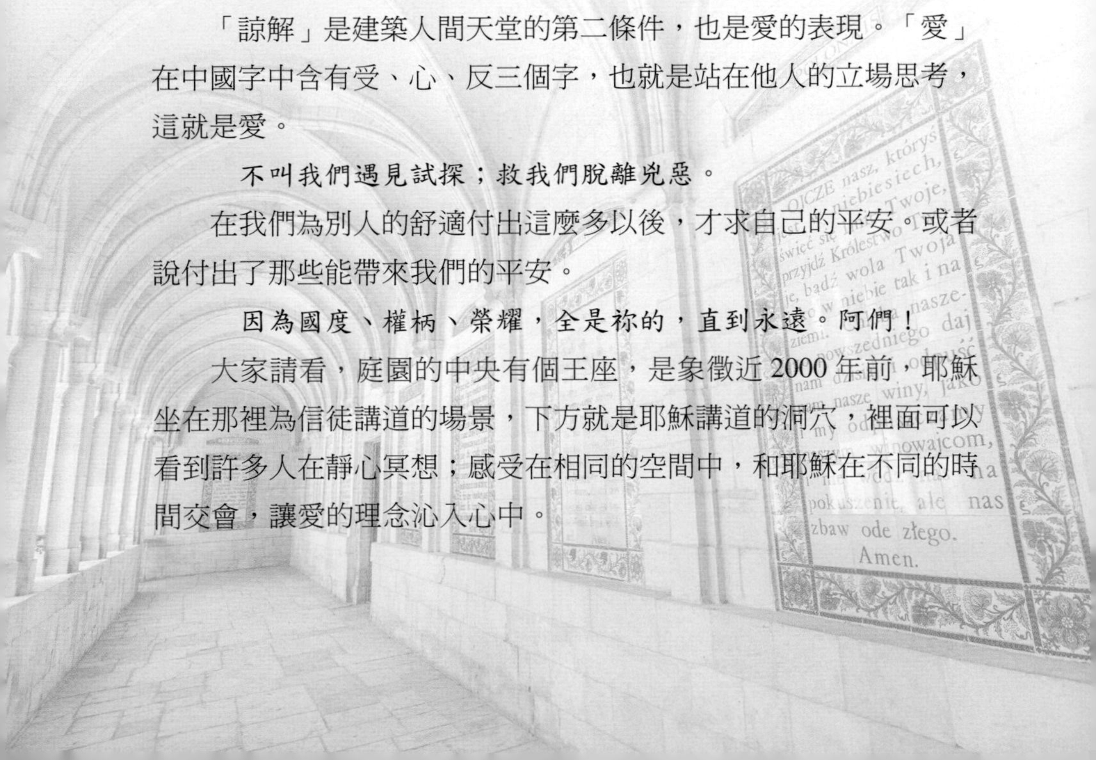

　　在教堂迴廊的各個角落中，可以看到各國文字所書寫的主禱文，共有 160 多種文字之多，羅列在庭園周圍以及教堂內。

　　自教堂興建以來，因為戰亂的影響，屢毀屢建。1868 年，圖爾韋涅公主再度建立起教堂，並於 1872 年成立會規嚴格的加爾默羅會修道院 (Carmelilte Sisters)，致力於尋找耶穌傳道的洞穴。可惜公主終其一生都沒能尋獲。1889 年，公主逝世，20 年後洞穴終被發現，原來就在公主所蓋的教堂正下方，造化弄人，難怪一直沒能找到。1957 年，公主謝世一甲子後，教堂向後遷移了數十公尺，凸顯出洞穴所在，而公主的遺體也遷移到新教堂之中（在教堂入口的左側），算是完成公主的心願。

　　大家在離開時，再回首看教堂一眼，你可能會覺得主禱文教堂的建築結構，有些怪怪的吧。那是因為這座教堂尚未完工。為什麼呢？也許上帝藉著這個狀態，寓意我們對愛的工程，還尚待努力建設，將心中的那座教堂完工。

　　出門往山下走吧，前往下個景點。

↑ 主禱文

1

2

3

1 主禱文教堂王座
2 耶穌講道的洞穴
3 圖爾韋涅公主

Chapter 08

抹大拉的馬利亞教堂

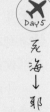

Day 5

死海→耶路撒冷

↑ 抹大拉的瑪利亞教堂

　　大家請一邊往山下走，一邊聽我說：現在各位腳下的道路，是
條千年古道。西元 30 年左右，耶穌第三次進入耶路撒冷城，騎著
驢子在萬眾歡呼中走下山。之後數天，祂多次往返這條道路，所以
在耶路撒冷的區域之中，也許耶穌在這條路上留下的足跡最多。

　　不論在耶路撒冷城內，或是在橄欖山上，你很難不注意到，有
著 7 個金色洋蔥頭的教堂，那就是現在我們來參觀的抹大拉的馬利
亞教堂 (Church of Mary Magdalene)。

　　這座教堂的外型，常令人聯想到俄羅斯的聖瓦西里主教座堂
(Saint Basil's Cathedral)。沒錯！這座抹大拉的馬利亞教堂，正是由
俄羅斯沙皇亞歷山大三世 (Alexander III, 1845～1894) 建造。1886
年，亞歷山大三世為紀念母親，在這裡興建東正教教堂。整座教堂
使用品質優良的白沙岩，精雕細琢而成，看起來就像用白色大理石
堆疊而成。

　　這個教堂的入口在 2 樓，入口山牆的正中央是使用無數細小的
藍白石頭，拼成馬賽克壁畫，所畫的就是本教堂的主角——抹大拉

的馬利亞。抹大拉是個地名，位在以色列北方加利利海的西岸；那馬利亞是什麼意思？是女傭嗎？別被廣告詞給影響了！「馬利亞」是由母親的角度，稱呼自己女兒「所愛的」，也希望女兒以後能夠成為丈夫、子女，甚至成為大家「所愛的」。從古至今叫這個名字的人多如繁星，是標準的菜市場名，哪怕在耶穌的年代，也是一堆「馬利亞」。在耶穌的周遭就有數位「馬利亞」，使得抹大拉的馬利亞真面目有些撲朔迷離。

　　現在跟我走進來，你會發現教堂內部的裝飾和外表一樣，富麗堂皇，四周掛著許多的聖像畫。入堂正前方的這一幅，是抹大拉的馬利亞站在一個羅馬皇帝面前。這是什麼故事？翻遍《聖經》，甚至是外傳也沒有啊？

　　嘿！這就是我存在的價值了，讓我來說給大家聽，那是俄羅斯藝術家謝爾蓋・伊萬諾夫 (Sergey Ivanov, 1864～1910) 根據當地的

↓ 聖瓦西里主教座堂　　　　　↓ 向羅馬皇帝伸冤的抹大拉的馬利亞

← 懺悔的抹大拉的瑪利亞

民間故事所創作：抹大拉的馬利亞在耶穌被釘十字架以後，不辭辛勞走 3000 公里的路程，跑到義大利羅馬，找當時的提比略皇帝 (Tiberius Claudius Nero, 42B.C.～37)，訴訟耶穌的冤枉，因為是俄國的民間故事，所以《聖經》上沒有。除了正面「告御狀」之外，左右和後方 3 面牆上的「聖像」所描述的，也是《聖經》學者肯定，屬於抹大拉的馬利亞的 3 件事蹟，其他有關她的情節，概不承認！

哪 3 件事？一是美麗的抹大拉的馬利亞被 7 個鬼附身，迫使她「接觸」了許多男人，直到耶穌驅逐了身上的鬼，並且潔淨了她，從此她成為最虔誠的信徒之一，跟著耶穌到處傳道。二是當耶穌被迫背負十字架，走向各各他 (Golgotha) 時，所有信徒一哄而散，只有她不懼危險陪伴著聖母馬利亞，跟著苦難的耶穌，直到祂上十字

架、斷氣。三是耶穌埋葬墓地 3 天後，抹大拉的馬利亞前往哀弔時，發現墓室已空，耶穌復活了！

　　抹大拉的馬利亞之所以為「聖」，正是基督宗教最重要的教義之一，那就是：不論多麼罪惡汙穢的人，只要真心「悔改」，都能得到潔淨！所以基督宗教是重視「精神」方面，而不是以「財富」作為崇敬標的。耶穌曾經有句名言：富人想進入天堂，就像駱駝想通過針孔。是指擁有滿足欲望的物質越多，越容易迷失真正「精神」快樂的方向。偏偏在這座教堂內，就有一隻「通過針孔的駱駝」，那就是在教堂祭壇的左側（入口的右手邊），有位伊莉莎白·菲奧多羅芙娜大公夫人 (Elizabeth Feodorovna, 1864～1918) 的陵墓。

　　這位大公夫人是 20 世紀初期，俄羅斯帝國的貴族，也是英國維多利亞女王 (Queen Victoria, 1819～1901) 的外孫女，丈夫是帝國末代沙皇尼古拉二世 (Nicholas II, 1868～1918) 的堂兄弟。1905 年丈夫被激進革命人士暗殺之後，大公夫人公開表示：願意原諒凶手，並且在 1908 年變賣所有的財產，包括自己的結婚戒指在內，所得費用成立馬大—馬利亞修道院 (Marfo–Mariinsky Convent)，以救助生病、受傷、致殘士兵為主；在鼎盛時期，每日免費送出 300 份食物救助窮人和孤兒。這在當時一片奢靡的貴族階級之中，無疑是個異類。雖然如此行善了 10 年，最後還是免不了被激進的革命黨人殺害……。

　　她遇害之後，由於國內動盪不安，於是遺體先被人運到北京安葬，之後再遷葬現址。1981 年和 1992 年，大公夫人和同伴芭芭拉·雅克夫勒維 (Barbara Yakovleva, ? ～1918)，先後被封聖人，總算還她們一個公道，現在大公夫人的塑像也被樹立在英國倫敦西敏寺的西門上，讓人永遠懷念她。

主泣教堂

Chapter 09

耶穌的眼淚

主泣教堂

Day 5

死海→耶路撒冷

　　這一路下來，大家已經聽了 3 座教堂的故事，是不是腦袋有些發脹了呢？這條路耶穌走過很多遍，所以典故很多，還有 3 個景點，大家加油！

　　耶穌走過很多遍？是的，西元 33 年，耶穌從北方加利利地區來到耶路撒冷城。進城後，認為這是個充滿罪惡的地方，不願在城內居住，寧願每晚翻越橄欖山，到伯大尼 (Bethany) 過夜，天亮再翻過橄欖山到耶路撒冷，所以這條山路來來回回走了很多遍。

　　現在我們抵達主泣教堂 (Dominus Flevit)，在〈馬可福音〉寫道：有一次，耶穌和門徒離開第二聖殿時，有信徒對耶穌說：「請看，這是何等的石頭，何等的殿宇！」耶穌對他說：「你看見這大殿宇麼？將來在這裏，沒有一塊石頭留在石頭上，不被拆毀了。」〈馬可福音 13:1–2〉。眾人聽了暗自心驚，在翻越橄欖山時，趁著耶穌休息，門徒彼得和其他弟子，壯著膽子要耶穌多透露點未來。耶穌說著說著……，就哭

→ 耶穌在橄欖山中前往耶路撒冷的棕枝之路
↘ 主泣教堂

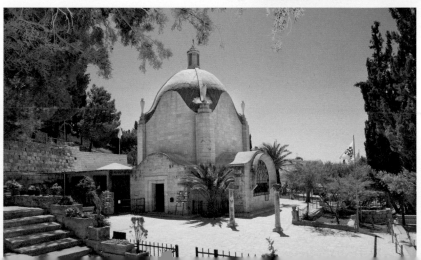

← 祭壇
↓ 馬賽克母雞圖

↑ 由主泣教堂看向耶路撒冷

起來了，眼前這座教堂就是為了那幾滴眼淚所建。

其實誰也不知道，耶穌在何處說這段預言，但 1955 年，義大利建築師巴路齊 (Antonio Barluzzi, 1884～1960) 在一座 6 世紀的教堂地基上，興建了這座主泣教堂。教堂的外型像淚滴，四邊柱頂有淚瓶造型的裝飾，這些都是象徵耶穌的哀傷。

進入教堂，你會發現裡面非常簡樸，一扇窗戶正對著城中的金頂寺，一個簡單的十字架。喔！對了，細心的人還能找到 6 世紀教堂的痕跡。你很難不注意到祭壇上有幅金碧輝煌的馬賽克圖騰，在一片簡潔風格中，顯得格外突出，圖中描繪一群小雞在母雞的羽翼之下。典故出自〈路加福音〉，耶穌感嘆：「耶路撒冷啊、耶路撒冷啊，你常殺害先知，又用石頭打死那奉命差遣到你這裏來的人！

我多次願意聚集你的兒女,好像母雞把小雞聚集在翅膀底下,只是你們不願意。」〈路加福音 13:34〉

　　耶穌說完預言的 30 多年後,耶路撒冷受到羅馬大軍包圍。但羅馬因為政權動亂,不久就解圍而去。城內的權貴們沒記取教訓,反而分成 3 派相互爭權奪利,甚至兵戎相見,完全將耶和華的教義拋諸腦後。

　　西元 70 年,羅馬帝國再度來襲,耶路撒冷被圍攻 4 個月之久。根據猶太史學家約瑟夫斯 (Titus Flavius Josephus, 37～100) 記載:羅馬士兵以十字架殘殺猶太人民,直到在耶路撒冷城外再無樹立十字架的地方。城內則到處充斥著異端邪說,人們藉口大肆自相殘殺,加上糧食短缺,母親甚至以親生兒子為食,當時的耶路撒冷比煉獄還要可怕。

　　如果耶穌預見的是這個場景,看到子民遭遇如此下場,再怎麼哀傷也不足為奇了。

　　好了!咱們前往上午的最後一站,兩個景點在同一個地方,大家請跟我來。

Chapter
10

平靜的夜晚

客西馬尼園

Day 5

死海→耶路撒冷

→ 壓榨橄欖器具

　　不知不覺中，我們已經順著當年耶穌的腳步，走到橄欖山下。最後一個景點是客西馬尼園 (Garden of Gethsemane) 和萬國教堂 (Church of All Nations)，都在同一個地方。當年橄欖山上種滿枝繁葉茂的橄欖樹，而「客西馬尼」在希伯來語中是「壓榨橄欖」之意，也就是初步處理橄欖的地方，如今成為基督信徒心目中的聖地。

　　西元 30～33 年間，耶穌在此被人捉走，開始苦路之行。耶穌為什麼會被捉？在精神上，耶穌被釘上十字架，是早就註定的，在「亞伯拉罕獻以撒」時，就有徵兆了（參 121 頁）。在世俗上，耶穌妨礙耶路撒冷當地祭司的既得利益，祭司因此誘使猶大 (Judas) 出賣耶穌。

　　雖然祭司們很討厭耶穌，但耶穌擁有廣大的支持者，當眾逮捕祂會引發糾紛。所以祭司們選擇埋伏在耶穌每天必經的橄欖山，而且是登山之前，都會暫歇的客西馬尼園。設想周詳的祭司又想到一個問題，就是在黑燈瞎火的林中，如何辨認出耶穌呢？猶大提出一個辦法，就是看他和誰「親吻」，誰就是耶穌！

↑ 猶大親吻耶穌，萬國教堂

　　關於猶大的出賣耶穌的角色，四福音書中，都做了值得玩味的描述。〈馬太福音〉記載，在猶大帶人來時：耶穌對他（猶大）說：「朋友！你來要作的事，就作罷。」〈馬太福音 26:50〉。而〈馬可福音〉中記錄耶穌看到猶大向他走來，就對其他弟子說：「看哪！那賣我的人近了。」〈馬可福音 14:42〉。〈路加福音〉對這個時刻描述的更為露骨，耶穌直接對猶大說：「猶大！你用親嘴的暗號賣人子麼？」〈路加福音 22:48〉加上耶穌在最後晚餐中，表示在此桌上，有人是叛徒，以及和大家告別的言論，可以看得出來耶穌早知道猶大的行為！所以靈性的〈約翰福音〉中說：耶穌是自己承認的！根本不需要躲藏起來，需要別人指認！〈約翰福音 18:4–5〉

　　以上記錄在表達什麼？耶穌早就知道會自己被釘上十字架，而且做好了心理準備，要以自己的血肉搭起人類與上帝的橋梁。

↑ 客西馬尼園

　　耶穌深夜在客西馬尼園被捕後，在大祭司的地牢中度過一夜，天一亮就受押到城中受審，跟著馬上定罪，上了十字架。因此在很久以前，人們紀念耶穌的「苦路」之行，就低調地走著當夜耶穌所走的路，那時和現今的路線不同，是由客西馬尼園開始。雖然千年前的那夜事物，離我們已經非常遙遠了，但不論政局如何變化，多少滄海成為桑田，當年枝繁葉茂的橄欖樹森林，如今成為一個大墳場，但這裡依然保留著一小塊園林，園中的橄欖樹依然見證了耶穌「血祭」的開始。

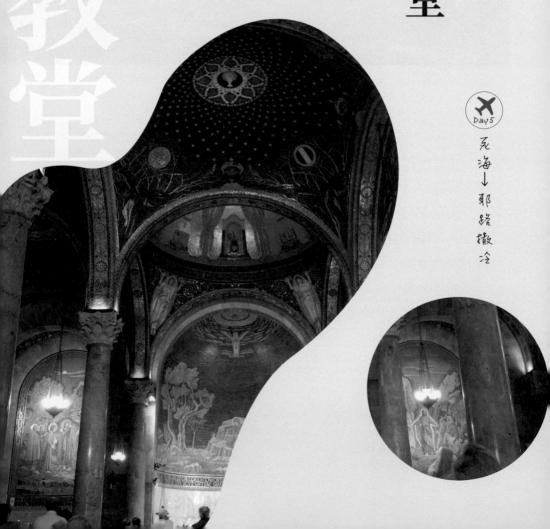

Chapter
11

勇敢的恐懼

萬國教堂

Day5
死海→耶路撒冷

　　走幾步路之後，我們就到了萬國教堂。喂～別急著進去，先聽我說嘛！這座教堂的典故非常多，不聽可是很吃虧的喔。

　　這座教堂看起來很新，其實 4 世紀這裡就有教堂，12 世紀時改建了一次。現在所看到的建築物，是 1919 年由義大利建築大師巴路齊，以拜占庭風格設計而成。當時陸續得到 16 個國家的資助❶，因此稱為萬國教堂；由於教堂的氛圍，呈現耶穌面臨死亡的悲苦情緒，所以又稱悲苦教堂。

　　巴路齊將許多《聖經》典故融入建築物中，首先是教堂正面的最頂端，是兩隻雄鹿共同仰望一個十字架，這個典故出自《舊約聖經・詩篇》第四十二篇：「神啊，我的心切慕你，如鹿切慕溪水。」❷其下是精美的巨幅馬賽克畫。畫中，上帝手持一本打開的書，鑲嵌著 A.Ω，分別是希臘字母的第一個與最後一個字，象徵〈啟示錄〉1:8 記載的：我是開始、我是結束。

　　在上帝之下，身穿紅衣的就是耶穌基督，周遭是天使。耶穌的左手邊是一群孤苦貧窮的人，象徵著因信心而聚。右側是智者、武士、音樂家等貴族，象徵凡間智慧的不足，仍需依靠耶穌的力量。

　　再往下看有 4 座人像，各自捧著一本書，分別是四福音書的作者馬太 (Matthew)、馬可 (Mark)、路加 (Luke) 和約翰 (John)。這 4 座人像之下，各有數根羅馬風格的多立克柱式 (Doric Order)，柱頭

---

❶ 最先資助建築的 12 個國家是阿根廷、比利時、加拿大、智利、英國、法國、德國、意大利、墨西哥、西班牙和美國。在 12 個圓形屋頂上，各自標示著國徽。匈牙利、愛爾蘭、波蘭與澳大利亞在建築過程中，陸續資助物品，總計共 16 個國家。

❷ 由於鹿角在喪失後，可以再生，象徵耶穌能夠重臨人間。在「聖尤斯塔斯 (Saint Eustace)」的故事中，就有此情節：羅馬皇帝圖拉真 (Trajan, 53～117) 的統帥尤斯塔斯，有次打獵追逐一頭鹿時，雄鹿突然回頭，鹿角之間發出耀眼的光芒，耶穌基督顯聖和尤斯塔斯說話……。

1 萬國教堂正面
2 山牆上的馬賽
　克畫
3 柱頭的莨苕
4 四福音書作者

刻劃成「莨苕」，古希臘時期，人們喜歡用莨苕這種植物祭祀先人，取其生命力旺盛，象徵重生、復活的含義。而在建築中使用這種裝飾，則象徵著神殿永存萬世！

　　教堂的大門由於時常敞開，通常無法看到正面浮雕。如果你夠幸運的話，可以看到藤蔓植物包裹的 4 個動物，分別是左門的鷹與牛，以及右門的人與獅。這 4 個動物依照順序就是〈約翰福音〉、〈路加福音〉、〈馬太福音〉、〈馬可福音〉的隱喻，也是上帝的前驅天使「噠嘮咟 (Cherub)」的 4 張臉孔，換句話說，同時見到這4 個動物就等於快要見到上帝了。

　　教堂的內部雖然有很多椅子，還是能看到地上中央有幅「王權球十字架」，中心是由 X 和 P 所組合的凱樂符號 (Chi-Rho)，這是耶穌基督希臘文字首組成的代表符號，加上兩側 A、ω（Ω 的小寫），意思無非是：「耶穌基督，從開始直至終結，都是世界的

→ 耶穌 3 次向天主禱告

王！」這個圖騰的附近還有許多「所羅門結」（參166頁），所以還得加上「永恆不變」之意。

首先看到祭壇左邊，這幅馬賽克畫（參84頁）描繪猶大以親吻耶穌的方式，標示誰是耶穌，使得耶穌被捕。人們常說猶大「出賣」了耶穌，但各位知道賣了多少嗎？才 30 銀元而已，30 銀元在當時能買什麼？只能買一個奴隸。祭壇右邊的畫則是耶穌阻止彼得，為了保護祂而殺人。

回到主祭壇，可以看見一圈用鐵荊棘包圍起來的石頭，就是耶穌曾經在此禱告的石頭，各位抬頭看上方耶穌當時的場景，可以比較出這塊石頭怎麼和圖上不一樣？那是因為以前很多人，來這裡紀念耶穌之後，都鑿一點石頭帶回家，久而久之就變得比較低平了。

當時耶穌在耶路撒冷城南邊，錫安山 (Mount Zion) 附近的馬可樓 (Cenacle) 用過最後的晚餐後，走到城東在客西馬尼園中，等待猶大帶人過來。等待的過程中，耶穌曾經在這塊石頭上 3 次向天主禱告，並且展現出哀傷的人性。萬國教堂就是為了紀念這個時刻所建造。

福音書上記載，耶穌在這塊石頭上的祈禱詞：「……求你將這杯撤去；……」〈馬可福音 14:36〉這個「杯」是什麼意思？在猶太

↑ 祈禱石和鐵荊棘

人的古老習俗中，當適婚男子向心儀對象求婚時，會從父親那裡接過一個盛滿酒的杯子，將它呈給女子。如果女孩願意，就會接下飲完。所以耶穌這句話的意思是：可不可以不要以這麼痛苦的方式，和天主結合在一起？但是祂又接著說：「……然而不要從我的意思，只要從你的意思。」在宗教的意義來說，天主安排耶穌的血祭，又使祂復活，彰顯天主的大能，可以戰勝死亡。也藉耶穌的血肉，上帝和世人定下一個約定，祂將走出聖殿來到人世間，而且就在我們身邊，而我們也可以不用透過祭司，隨時隨地向祂禱告。

最後，鐵荊棘上有兩種動物也要介紹一下，分別是鴿子，象徵純潔無罪的耶穌；以及刺鳥。傳說中，這種鳥的歌聲絕美異常，但牠唱歌有個條件，就是要找到一根最長、最尖的荊棘，然後飛身撲上，讓荊棘刺入自己的身體，一邊流著血一邊歌唱。據說那歌聲能讓世上所有聲音黯然失色。刺鳥最後失去生命，以身殉歌。

不論你是不是教徒，都必須承認，耶穌對世界影響巨大！祂的言語如同刺鳥的歌聲，在那人心懵懂的年代，指引出光明的方向。萬國教堂並非強調祂是神的兒子，不怕任何痛苦，而是在懼怕之中，仍然勇於面對，這才是耶穌留給世人最美麗的歌聲。

苦路

Chapter
12

鬧市中的聖蹟

苦路

✈
Day5

死
海
↓
耶
路
撒
冷

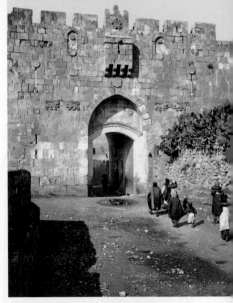

↑ 獅子門，耶路撒冷東門

　　各位身處中東地區，應該品嚐一下這裡的食物，口袋餅和鷹嘴豆泥的搭配，是中東常見的吃法，記得撕一片餅沾一些豆泥吃，或將餅剖面撕開，灌入豆泥吃均可。還有一道用葡萄葉捲起的香料米飯推薦必嚐，不一定合口味，但一定要吃飽！吃完飯後多休息一下，今天下午要走的路比較多。

　　我們現在將前往耶路撒冷的舊城門——獅子門。獅子門在鄂圖曼帝國蘇萊曼一世皇帝 (Sulaiman I, 1494～1566) 時期興建，上面有著獅子圖騰，或有人說是豹，但是阿拉伯人將這門稱為：童貞女馬利亞之門，因為聖母馬利亞就誕生在門的附近；猶太人則將之稱為「聖司提反門」，以紀念司提反 (Saint Stephen, 5～34) 因替耶穌辯駁被人打死，成為第一個殉道者❶。

　　獅子門是舊城區東面唯一開放的出入口，道路不寬，又有車子，大家小心行走。通過獅子門，請看右邊，是耶穌時代的畢士大池（Pool of Bethesda，耶穌曾在此治癒過病了 38 年的人），以及聖安妮教堂 (Church of Saint Anne)，就是聖母馬利亞幼時的故居，裡面有個馬利亞少女時期和母親安妮的雕像，非常難得一見。

　　現在我們踏上「苦路」了嗎？對不起，還沒。走進獅子門後，大約再前進 250 公尺左右，才算正式踏上苦路。苦路是指耶穌在耶路撒冷城內接受審判，扛著十字刑具前往城外的各各他（原意為

---

❶ 司提反殉道之地，據考證在大馬士革門 (Damascus Gate) 附近。

↑ 聖司提反，第一位殉道者

↑ 聖安妮與聖母馬利亞

「髑髏地」，即墳場），受刑死亡，一直安放到墓室的這段路。

苦路的路線，最早可以追溯到耶穌殉難後的自發性紀念活動。當時是由城的東方——耶穌被捕的客西馬尼園開始，穿越耶路撒冷城，一直走到聖墓教堂。由於是祕密活動，所以具體的路線不詳，一直到拜占庭時代，苦路巡行才成為合法的活動。

到了 8 世紀時，耶路撒冷雖然由穆斯林掌控，但苦路巡行並未受到阻撓，不過路線變成由城的東南方——捉拿耶穌的大祭司該亞法 (Caiaphas, ?～36) 家中，也就是今日的雞鳴教堂 (Church of Saint Peter in Gallicantu) 出發，來到我們所在的獅子門，再前往耶穌接受審訊的安東尼亞城堡 (Antonia Fortress)，最後到達聖墓教堂。

今天所謂的「苦路十四站」，要到了 15 世紀時，才由教會所確立，並以雕刻、圖畫放入全世界的教堂中，提供無法親臨現場的信徒，以神遊方式朝聖。至於今天我

們所看到每一站的位置,要到 18 世紀才確定下來。所以別太在意耶穌到底有沒有走過這段路,此行的目的是朝聖,不是考古好嗎?

說話間咱們到了「第一站」,很抱歉,這裡不能上去,因為現在是一所阿拉伯學校。2000 年前這裡是大型軍事堡壘,叫做安東尼亞城堡。耶穌在該亞法家中被吊了一整夜之後,猶太祭司們把祂拉到這裡,要求羅馬總督彼拉多 (Pontius Pilate) 將耶穌處以極刑。

右轉進入一個庭園,這裡是「第二站」,耶穌在這裡被判死罪與鞭笞。在這裡,耶穌遭周圍的羅馬士兵戲弄,嘲笑祂是「以色列王」,為祂戴上「荊棘冠冕」、披上紫袍,命令祂背起十字架。如今這裡是聖方濟女修院,有座定罪堂 (Church of the Condemnation and Imposition of the Cross) 與荊冕堂 (Ecce Homo)。

前進數十公尺後的丁字路口要左轉,「第三站」和「第四站」就緊鄰在左側。耶穌抵達「第三站」時,已經 10 幾個小時未進食,再加上徹夜未眠,以及沉重刑具的壓迫之下,耶穌終於第一次跌

↑ 第二站:定罪堂與荊冕堂　　↑ 第三站:耶穌第一次跌倒

倒。「第四站」是紀念 3 位馬利亞，分別是聖母馬利亞、抹大拉的馬利亞，以及耶穌的阿姨——克羅帕的馬利亞 (Mary Clopas)，母親眼看自己的愛子如此受苦，想必是悲痛萬分。

接下來我們要穿越商店街，請各位自制，別被商品吸引走了，莊敬一點，我們可是在朝聖！到了「第五站」，有位名叫西門 (Simon of Cyrene) 的古利奈人，到耶路撒冷過節，當時正站在旁邊看熱鬧。因為耶穌體力實在負荷不了，西門被羅馬士兵捉來替耶穌背負十字架。正當自嘆倒霉時，聽到耶穌的話語（沒有記載耶穌說了什麼），居然就信了教。

喂！別被商品引誘，這裡要右轉啦！小心別脫隊了，每次帶這裡最累，路轉來彎去，一不小心就弄丟人。「第六站」是韋羅妮嘉 (Veronica) 家，當年這位女子在家門口發現痛苦的耶穌，動了慈悲心，用手帕替耶穌抹去了汗水，手帕上竟留下耶穌血汗真容。這條手帕現保存於義大利羅馬的梵諦岡教廷內。

「第七站」有個稱為審判門的木門，當年耶穌處刑的公告就張貼在此，耶穌在這裡第二次跌倒。此處我們要左轉。

「第八站」，耶穌在此遇到一群婦女，她們看到可憐的耶穌而哭泣，耶穌反過來安慰這些婦女。接著在「第九站」耶穌第三次跌倒。通過這裡，前方就是朝聖路程的重點之一：聖墓教堂。

1 第四站：耶穌遇到聖母馬利亞
2 第七站：審判門
3 梵諦岡內的韋羅妮嘉
4 耶穌扛十字架

Chapter 13

聖墓教堂

皇太后的指認

聖墓教堂

✈ Day 5
死海↓耶路撒冷

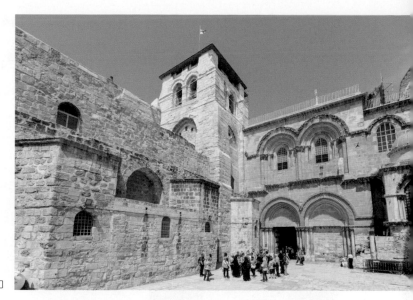

→ 聖墓教堂入口

　　剛才我們在耶路撒冷舊城區中，通過了苦路的前 9 站，大家現在所在的地方是聖墓教堂。所謂的「聖墓」，是指曾經埋葬過耶穌基督的墳墓。為什麼說「曾經」？因為耶穌在墓中躺 3 天後復活了，所以現在是個空墓。其二，也許大家會覺得奇怪，為什麼耶穌的墳墓會在城中？其實在耶穌那個年代，這裡位於耶路撒冷城外，而且是個墓場。

　　耶穌升天 80 多年後，羅馬皇帝哈德良即位，他極度討厭基督宗教，因此下令在這裡興建阿芙蘿黛蒂〔Aphrodite，希臘神話中的維納斯 (Venus)〕神殿，來抹去耶穌的痕跡。過了快 200 年，東羅馬帝國皇太后海倫娜，受到「聖靈」引領而來，感動地說：這裡就是聖墓！

　　故事說來神奇，皇太后在參觀神殿時，突然命令眾人，在她指

↑ 海倫娜，東羅馬帝國皇太后

示的地方掘地，結果發現 3 個十字架刑具。於是海倫娜宣稱：她找到了耶穌當年所使用的「真十字架」。這座神殿就是《聖經》裡，耶穌殉難的各各他地！但到底哪一個十字架上染有耶穌的寶血呢？

聰明的皇太后下令：找來 3 個麻瘋病人，讓他們分別接觸其中一個十字架，還真的有個病人不藥而癒，於是確定這個刑具就是「真十字架」，既然找到各各他和真十字架，那麼根據〈約翰福音〉19：41 的記錄，耶穌的墳墓就在附近。

因為耶穌殉難在安息日的前一天，根據猶太律法，若不能在太陽下山前入葬，就要等好幾天後才能處理。換句話說僅有幾個小時，能處理耶穌的後事，情況可說是萬分緊急！幸好有信徒提供一座嶄新石墓，耶穌才能在太陽下山前安葬完畢。所以「釘十字架」、「入殮」、「復活」等典故，全在一座教堂內，是有原因的。

皇太后海倫娜下令拆除阿芙蘿黛蒂神殿，於西元 326 年興建聖墓教堂，經過數次改建後，成為現在看到的樣子。大家別急著進去，有沒有看到一個 2 樓窗戶下的木梯？那也是個有趣的典故。教堂目前由 9 個宗教團體共同管理，但 260 年前，他們為了爭奪教堂的所有權，幾乎都要動手打架了。直到 1757 年，才在國際仲裁下劃分歸屬，連一個釘子、一塊石頭都清楚規定。當一切都安排妥善

後，才發現木梯被人遺忘在窗外，沒有擁有者。其實木梯根本不是什麼聖物，只是工人裝修窗戶忘記拿走而已。但多出的這個物品，勢必打破平衡，因此一放就放了數百年，任憑風吹雨打，腐爛之後，再放一個。目前這個已經 150 年了。

↑ 聖墓教堂的梯子

　　我們準備進去吧！大家一看這個木製大門，就知道是歷史悠久的古物。上面有兩個古鎖，其實門和鑰匙是由兩個穆斯林家族所掌管。一代穆斯林豪傑薩拉丁征服耶路撒冷後，在 1192 年命令喬迪·古迪亞家族 (Joudeh Al-Goudia) 為「鑰匙的保管者」，努賽巴家族 (Nuseibeh) 為「聖墓教堂的守護人與守門人」，這兩個職務都傳承至今。

　　每天清晨這兩個家族的傳人，都必須趕到大門前，教堂內的執事人員，會打開右邊門板上的小門，遞出木梯，由努賽巴家族的人接了架在左門板

↑ 聖墓教堂大門的兩個鎖

↑ 耶穌入殮圖

上。然後喬迪·古迪亞家族將有近千年歷史的鑰匙，交給努賽巴家族打開較低位置的鎖，再登上木梯打開較高的鎖。最後教堂內的人員，先開左門再開右門，將木梯放回右門後，完成開門程序，讓人們入內。

走進大門後，一幅 200 多萬片馬賽克所組成的「耶穌入殮圖」映入眼簾，在此之前的是塗膏禮之石。人們相信這是耶穌在斷氣從十字架卸下後，清潔、塗上油膏的石板。右上方就是《聖經》中的各各他，耶穌被釘十字架的地方。上去的入口就在大門的右側，這裡其實是一大塊岩石，只不過現在被建築物包圍起來。

梯子很窄要小心，上來之後的平臺是殉難祭壇（參 109 頁），第一個祭壇上，可以看到耶穌被釘十字架的圖騰，這是苦路的第十、十一站「耶穌被剝去衣服」和「耶穌被釘十字架」；隔壁第二個祭壇，是第十二站「主耶穌死在十字架上」。在這個祭壇之下，有個圓形的金牌，中央有個方洞，就是釘著耶穌的十字架所樹立的地方。

→塗膏禮之石

　　傳統的說法中，耶穌在早上 9 點上十字架，下午 3 點斷氣，據說斷氣當時有 3 件事發生：第一，在聖殿的屋頂上號角響起，表示獻祭時間到了；第二，發生地震，十字架下的岩石裂開；最後，聖殿內的帷幕從上向下裂開。耶穌最後一句話說：「成了」，成了什麼？祂作為祭品的任務完成了，人類與天主的「新約」成立了，從此天主由聖殿內走入人群之中，每個人可以自由地向天主溝通，不需再到特定地點，由特定的人代為禱告。

　　下樓在另一個地方，下來可以參觀殉難祭壇下的亞當室，看看當時地震所造成的岩石裂痕。然後右轉經過嘲笑祭壇，走下階梯到達聖海倫娜祭壇，這裡還能看到一點點當年阿芙蘿黛蒂神殿的遺跡，有幅精美的羅馬船馬賽克畫，以及牆上「海倫娜發現真十字架」的壁畫。再往下就是海倫娜發現十字架的地方「聖十字架尋獲祭壇」。

　　再次走回「塗膏禮之石」，向左走會看到一個亞美尼亞東正教的祭壇，那是在一座涼亭中一盞燭光永恆不滅，以紀念一路伴隨耶穌走過苦路，直到在十字架上斷氣的 3 位馬利亞：聖母馬利亞、抹大拉的馬利亞，和耶穌的阿姨克羅帕的馬利亞。接著踏入復活大廳，大廳內有兩個主要建築，主教堂和聖墓。

1	2	1 耶穌十字架樹立的地方
		2 耶穌斷氣時大地裂開的痕跡
3	4	3 聖海倫娜祭壇
		4 亞美尼亞東正教祭壇

主教堂

　　主教堂、聖墓和聖十字架尋獲祭壇，3 個都是聖墓教堂內最原始的建物，可以追溯到西元 326 年君士坦丁大帝時期，直到今天還能看到濃郁的拜占庭風格。現在的主教堂由東正教的人員管理，內部布局是最高規格的主教教堂。

　　東正教教堂的特色，是入口通常設在西方，象徵從黑暗走進光明的東方（那走出教堂怎麼辦？），還有聖像壁分隔禮拜堂與至聖所。這座教堂的特別之處在於有兩個主教王座（通常只有一個），進入大廳可以在左邊（北方）看到「耶路撒冷主教王座」，以及右邊的「安提阿主教王座❶」。

　　進入主教堂不久，馬上就能看到稱為翁法洛斯 (Omphalos) 的「石杯」，翁法洛斯在希臘神話故事中，是宙斯令兩隻鷹找到的「世界中心」。基督宗教認為：這個石杯是世界的中心❷，是重要的宗教象

↑ 聖墓教堂主教堂

復活的耶穌

↑ 聖墓

徵。原本石杯在兩個王座的中央，後來為了給信徒瞻仰，移到現在的位置，據說許願很靈喔。

請別忘了抬頭欣賞圓頂，巨大的馬賽克畫作！數百萬的小石片，組成復活後的耶穌，各個耶路撒冷主教以及族長，環繞四周。4 個角落分別刻劃著：與小孩（天使）在一起的聖馬太、身穿綠袍的聖馬可、正在畫畫的聖路加❸和白髮的聖約翰，各個聖人之下均有巨柱，共同支撐起高聳的穹頂。在穹頂周圍共有 16 扇巨大窗戶，其中 8 扇是封閉的。這樣的設計是為了在不同的時間，使陽光形成光束，照耀特定主題。

❶ 安提阿 (Antioah) 位於敘利亞，〈使徒行傳〉11:19–30 中描述：耶穌升天後，教徒四散……之後在安提阿聚集，慢慢形成教會組織，並且趨於成熟。因此安提阿的地名，在基督徒心目中有開拓、傳播的含義，連帶使安提阿主教具有極重要的象徵地位。

❷ 穆斯林認為世界的中心在金頂寺中的「靈石」。

❸ 路加是保羅的醫生，也是福音書的作者之一。傳統認為聖母馬利亞抱著幼年耶穌的造型，是路加首先創作出來的。

拜占庭帝國的雙頭鷹
耶穌頭像
聖母馬利亞和小耶穌
耶穌由棺中復活
十二門徒
耶穌升天圖

↑ 聖墓上的標誌

聖墓

　　聖墓是整個聖墓教堂的核心！位於圓形的復活大廳中，原本是亞利馬太的約瑟(Joseph of Arimathea)在一片石壁開鑿而成的墓室，後來給耶穌埋葬。今日所見是拜占庭時期，人們將這個墓室周遭的石頭鏟除，然後包裹精美的石材而成。

　　等著進入聖墓朝聖的人們，總是在此大排長龍。其實聖墓由兩個部分組成，進來首先遇到的是「天使祭壇」。天使祭壇因為內外有許多的天使圖騰而得名，入口門楣上有許多的圖像，由下往上分別是：耶穌升天、十二門徒、從棺中復活等，兩側是羅馬士兵和抹大拉的馬利亞，耶穌的頭像及兩側聖母馬利亞抱著小耶穌，再上面是拜占庭帝國的標誌：雙頭鷹，最後是復活的耶穌。

　　天使祭壇的中央，展示著當年墓門的碎片，再進一個門才是聖墓。進入之後的右側石床，就是當年耶穌遺體放置的地方。其實這

個石床不是真正的殮板，2016 年 10 月 26 日，在東正教主教狄奧菲洛三世 (Theophilos III) 等人的見證下，打開石床發現其下另一塊「保護板」，再下面才是耶穌的殮板。這次的整修距離上次 1550 年的開啟，已有 466 年了！

復活大廳穹頂，雖不若主教堂穹頂的華麗，但卻別具深義。在昏暗的環境中，穹頂正中央的圓洞可以讓陽光透進來，這個圓洞代表耶穌，當有陽光射下時，正符合〈約翰福音〉8:12 中耶穌說：「我就是世界的光，跟從我的，就不會在黑暗裏行走，必要得著生命的光。」可是這個圓洞不可能都有光照下來啊！陰天時又怎樣解釋？如果你這樣想，也符合〈約翰福音〉12:35：「耶穌對他們說：光在你們中間，還有不多的時候，應當趁著有光行走，免得黑暗臨到你們。那在黑暗裏行走的，不知道往何處去。」由圓洞延伸的 12 道光芒，代表耶穌的十二門徒，將耶穌的理想傳播四方。

← 復活大廳的穹頂

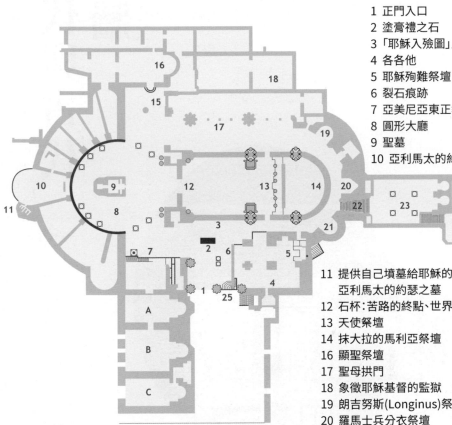

1 正門入口
2 塗膏禮之石
3 「耶穌入殮圖」馬賽克畫
4 各各他
5 耶穌殉難祭壇
6 裂石痕跡
7 亞美尼亞東正教祭壇
8 圓形大廳
9 聖墓
10 亞利馬太的約瑟祭壇

11 提供自己墳墓給耶穌的
　　亞利馬太的約瑟之墓
12 石杯：苦路的終點、世界的中心
13 天使祭壇
14 抹大拉的馬利亞祭壇
16 顯聖祭壇
17 聖母拱門
18 象徵耶穌基督的監獄
19 朗吉努斯(Longinus)祭壇
20 羅馬士兵分衣祭壇
21 嘲笑祭壇
22 階梯
23 聖海倫娜祭壇
24 聖十字架尋獲祭壇
25 不可移動的梯子

A 四十烈士小教堂和教堂鐘樓
B 聖約翰小教堂
C 聖詹姆士小教堂

↑ 聖墓教堂示意圖

現代與古代
哭牆

Chapter
14

Day 6
耶路撒冷

　　參觀完聖墓教堂，接下來咱們去哭牆 (Wailing Wall)。在以色列有個笑話：如果你長得一副猶太人的臉孔，在耶路撒冷問：「哭牆怎麼走？」當地人會反問你：「新的舊的？」什麼意思？待會兒告訴你。

　　觀光的哭牆，位於金碧輝煌的金頂寺下，是有著 2000 年歷史的一道石牆。這道石牆是西元前 19 年，為了鞏固聖殿所在的山體，以石灰岩所建造的擋土牆。現在的哭牆長 488 公尺，其中僅 57 公尺供民眾參觀，其他部分被別的建築物所掩蓋。而我們可以看到由 25 層石頭堆疊成 32 公尺的高度中，真正屬於當年耶穌時代的部位，僅是地表上的 7 層疊石，以及地下 17 層的基石。第 8 層以上的石頭，是 8 世紀戰亂後所重建〔原本大希律王 (Herod the Great, 74 B.C.～4B.C.) 約於西元前 19 年所興建的牆體，毀於西元 628 年時，拜占庭帝國的攻擊〕，最上面的兩層更是到 16 世紀才加蓋，雖然不盡如當年，卻絲毫無損其所代表的意義！

　　由於這裡是猶太教的聖地，為了尊重當地的風俗，入口處放置了許多的小圓帽，每個人都要拿一頂戴在頭上。

　　西元 70 年時，羅馬帝國的提圖斯 (Titus, 39～81) 將軍（後來的羅馬皇帝），殘酷鎮壓耶路撒冷後，為了給當地猶太人留下警

↑ 入口處的小圓帽
← 舊城哭牆

↑ 哭牆下的猶太人

告，完全拆毀第二聖殿，只留下這道牆。雖然如此，還是不能阻止猶太人爭取自由的決心，之後又發生數次武裝叛亂。西元 135 年猶太人最後一次叛亂遭羅馬平定後，被趕出迦南地區近 2000 年，流浪足跡遍布全世界。

拜占庭帝國時，由於基督宗教合法化，允許流浪的猶太人回來，但僅限於每年 7、8 月，猶太人的「埃波月 (Av)」期間，才可以到西牆下紀念，其他時間則繼續過著無根的生活。在世界慘澹漂泊的猶太人，來到這裡念及自己悲傷的身世，不禁潸然淚下，哭牆之名於是漸漸傳開。

所以看似單調的石牆可不簡單！對猶太教徒而言，它是最接近上帝的地方，傳說：聖殿毀滅當時，有 6 個天使在哭牆上哭泣，祂們的淚水順著牆壁而下，滲入石縫之中讓石牆永不傾倒！對穆斯林而言，這裡也是聖地。先知穆罕默德 (Muhammad, 571～632) 有

↑ 經文匣

↑ shel yad

一天乘坐布拉克（Buraq，長著女人臉孔的馬形神獸），由千里之外的麥加瞬間移動到此，然後登上聖殿山前往七重天，受真主啟示後，當夜又乘布拉克返回，即非常有名的「夜行登霄」，也是清真寺頂上月亮標誌的典故。由於這則故事，所以哭牆也是伊斯蘭教的聖地。

以色列復國後，已鮮少有人在牆下哭泣，這裡反而成為猶太少年舉行成人禮的地方，因為典禮過程中充滿了歡愉的氣氛，所以有人把這裡稱之為「歡樂之牆」。時常可以看到虔誠的猶太教徒，在頭上、左手臂上纏繞著黑皮條，到此祈禱。黑皮條及小盒子稱為「經文匣 (tefillin)」；纏繞在手臂上叫 shel yad ❶，綁在頭上的叫 shel rosh。這是根據《希伯來聖經》中的要求：「你要繫在手上為記號，戴在額上為經文」形成的特殊風情。匣中藏有 4 段經文，以極微小的筆觸，寫在羊皮卷上，放入盒中的 4 個格子裡。內容分別是：〈出埃及記〉13:10、13:11–16、〈申命記〉6:4、11:13–21，這些經文主要訴說：以色列人在埃及的最後一夜（埃及人的長子喪命那晚

❶ 要在手臂上繞 7 圈，然後將皮帶蜿蜒纏繞到手掌，形成希伯來字母「shin」的圖案，代表「Shaddai」一字，即《希伯來聖經》中上帝的名號之一。

← 哭牆縫隙塞滿紙片

❷）；以及遵守上帝是唯一的神！

哭牆下的通道，要先預約才可以下去，能夠欣賞到人類使用的第三大建材，一塊重達 570 噸的石材！這麼重的石頭，當然不可能是用車輛和牛隻拖拉來的，推測是鑿成圓柱形，慢慢地滾到現址，再鑿成現在的長方形。

哭牆前的淚水已止歇，還可以看到人們將許多的希望，寫在一張小紙片上，想盡辦法塞入石縫之中，陳情給上帝。對以色列人而言，有了新的哭牆：那是辛勞工作一年之後，林林總總恐怕有一半以上的收入，要繳進國稅局。以色列人望著「國稅局之牆」，不禁潸然而淚下……。

大家自由參觀，要進入廣場前，請注意男左女右分開，別亂走到異性區，那會挨罵甚至挨打喔！有什麼願望可以說給哭牆聽，或者寫個小紙條，想辦法塞入石縫中，這樣上帝比較記得住。

❷ 埃及十災的最後一災。經過這一災，埃及同意放猶太人自由。猶太人稱那一夜為「逾越節」至今。

Chapter 15

聖殿山

自亞當開始的傳奇

Day 6
耶路撒冷

聖殿山 (Temple Mount) 說是山其實只有約海拔 740 公尺高而已，只能算是「丘陵」。但說是丘陵恐怕會被許多信徒認為是褻瀆，因為它是那麼無與倫比地崇高！

在猶太教徒的心目中，上帝開天闢地時的第一道光芒就照在這裡，人類始祖亞當，就是用這山上的泥土做成的。聖殿山的傳奇不只於此：亞伯拉罕在這山上獻祭自己的兒子，輝煌的第一、第二聖殿也曾在此聳立；穆斯林相信，往生的靈魂，脫離肉體後的第一站，是來到這裡，像先知穆罕默德一樣，從這裡升天！由此可見這個丘陵在精神上，是如何高聳入雲。今天聖殿山頂由穆斯林管理，上山的 7 個入口，非穆斯林僅能從哭牆旁的棧道，經過摩爾之門 (Bab Al-Maghariba) 到達山頂。

山上有兩座歷史悠久的清真寺，分別是阿克薩清真寺 (Al-Aqsa Mosque) 和岩石圓頂清真寺（又稱金頂寺），是耶路撒冷著名的地標。

↑ 由哭牆至金頂寺棧橋

阿克薩清真寺

　　這座清真寺由阿拉伯帝國奧米雅王朝 (Umayyad Caliphate) 的哈里發瓦利德一世 (Al-Walid I, 668～715) 興建，是世界最古老的清真寺之一。所羅門王聖殿時期，這裡可能是供應聖殿祭品的市場；第二聖殿時期，這裡是著名的王室柱廊，以及外邦人院。西元 30 年耶穌就是在這裡，驅逐謀取不法利益的商人，而種下殺機。

　　羅馬人攻破第二聖殿，將這裡完全摧毀後，建立「朱比特（宙斯）神殿 (Jupiter Temple)」；阿拉伯人來到這裡，先建木造清真寺，又改建成阿克薩清真寺。但距離我們看到的現況，還有兩個有趣的插曲。

阿克薩清真寺

↑ 聖殿騎士　　　　　　　　　　↑ 金頂寺拱門：靈魂天秤

　　1099年十字軍攻下耶路撒冷，成立王國後，阿克薩清真寺成為臨時王宮，直到第三任國王鮑德溫二世 (Baldwin II, 1060～1131) 逝世後，把這座王宮轉交給「基督和所羅門聖殿的貧苦騎士團」作為總部。騎士團進駐這裡後，成為名副其實的聖殿騎士團，今天靠南牆的建築物，就是當年騎士團的餐廳。同一塊土地上，歷經聖殿、神殿、清真寺、王宮、軍營，看來真的很有靈性呢，大家都搶著在上面蓋東西。

　　「阿克薩」原意是「遠方」，《古蘭經》中記錄：先知穆罕默德，一夜之間由麥加去到的「遠寺」就是這裡，是能直達天聽的地方，因此在伊斯蘭教創教之初，信徒每日是朝向這裡膜拜，後來才改朝麥加方向，由此可知這裡的尊貴地位。

　　今日的阿克薩清真寺由53根古希臘大理石柱（其中有一根最大的柱子，是由義大利的獨裁者墨索里尼贈送，特徵是有許多結晶）和49根方柱，組成一個可以容納5000人的大廳。最精采的看

點在南端，以鎏金製作的《古蘭經》文字壁，優雅的筆劃線條，堪稱一絕！

岩石圓頂清真寺

離開阿克薩清真寺，上一小段階梯，經過靈魂天秤拱門，抵達俗稱金頂寺的岩石圓頂清真寺。在清真寺 4 個階梯上都有這樣的拱門，之前曾經介紹過，穆斯林相信往生的靈魂在脫離肉體後，都會先到此寺中。雖然我們肉眼看不到，但如果是靈魂的話就能看到一個巨大的天秤，來衡量一生的是非善惡。

這座清真寺的興建比阿克薩清真寺早了幾年，是由瓦利德一世的前任哈里發馬立克 (Abd Al-Malik, 646～705)，參考聖墓教堂的復活大廳所興建。最重要的特徵是金光閃閃的圓屋頂，但很少人知道頂上的黃金，曾被刮下來還哈里發的欠債。現在的金頂是由1994 年約旦國王侯賽因 (Hussein Ibn Talal, 1935～1999) 捐贈，才再

↘ 金頂寺及鐵鏈圓頂

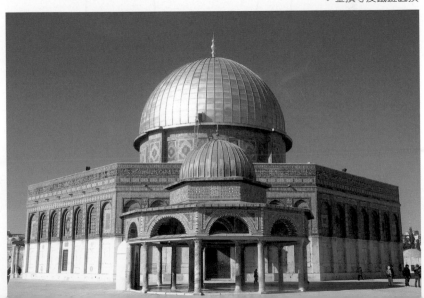

度形成厚達 1.3 公厘的金頂，成為耶路撒冷最顯著的地標。

　　清真寺的東方有座小亭子，是這座清真寺的「試作品」，稱為「鐵鍊圓頂 (Dome of the Chain)」。怎麼取個這麼奇怪的名字？傳說所羅門王煉製的鐵鍊曾經懸掛於此，抓著這條鐵鍊做出承諾，如果違背諾言就會被閃電擊中致死，所以命名為鐵鍊圓頂。

　　岩石圓頂清真寺的外觀，有 4 種不同的顏色，代表不同意義，黃色是忠貞、綠色代表繁盛、藍色對抗邪惡、白色則是純潔的象徵。這座清真寺主要是為了保護中央高 1.2 公尺的巨石。這塊石頭的故事很多：最早是亞伯拉罕將兒子以撒放在其上，將要手起刀落

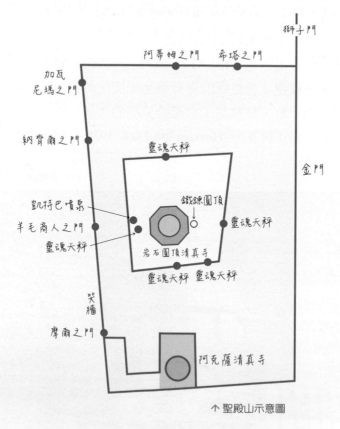

↑ 聖殿山示意圖

獻祭給上帝時，天使出現轉達上帝旨意：知道亞伯拉罕的誠意，不必用兒子獻祭了（《古蘭經》中有相同的情節，但被獻祭者由以撒改成以實瑪利）。這時亞伯拉罕發現附近有隻公羊，兩角卡在樹之中，於是以這羊代替兒子獻祭〈創世記 22:13〉。這隻羊的出現被後世解讀為：預言耶穌的出現，並且為人們自身獻了祭，立了「新約」。

雅各的故事也和這塊石頭有關！〈創世記〉第二十八章中，雅各在此睡覺時，夢中出現一個天梯，而上帝在梯頂上說話；夢醒之後他許下承諾為「上帝」立殿。所以後世的所羅門王依照祖先的願望，在這建了第一聖殿。猶太教的至聖物，代表上帝的「約櫃」就放在這塊石頭上。荷蘭的雷麥亞 (Leen Ritmeyer, 1945～) 博士甚至指出，當年約櫃就放在石頭上的右上方凹槽！

穆罕默德也是由這塊石頭登上七重天，據說這塊石頭當初也想一起升天，但被一腳踩了下去，因此石上至今還留有一個腳印。最後最神秘的就是石中靈魂之泉 (Well of Souls) 的洞穴，必須通過比雷阿爾瓦洞 (Birel-Arwah) 才能到達。根據當地的說法是往生的靈魂都要到靈魂之泉禱告後，才能升天。為什麼叫「泉」呢？因為在洞中把心靜下來時，能聽到水流的聲音，人們說那是靈魂聚集的呢喃聲……。

很抱歉，由於大家都不是穆斯林，所以不能進去。我們到陰涼處，讓我來帶領大家回到 2000 年前，參觀一下「第二聖殿」吧。

→ 寺內的巨石，攝於宗教博物館

需要想像力的

聖殿奇蹟

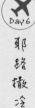

Day 6

耶路撒冷

聖殿位置

→ 未興建聖殿的耶路撒冷

　　如果大家站在 2000 年前的橄欖山上，你所看到的聖殿像極了雪山！純白的石頭加上金色的耀眼光芒，簡直不是人間的建築！但這些現在都不復存在，僅留在文獻的記憶和想像中。

　　古代耶路撒冷的聖殿，可以區分為所羅門王的第一聖殿（存在於中國的西周～春秋時代），以及大希律王整修的第二聖殿，第二聖殿存在時期比較久（約中國的春秋～東漢），就是耶穌口中所謂的「殿」。以當時的工藝而言，兩座聖殿都可說是人類極盡奢華的代表。

　　聖殿主要是供奉約櫃的地方。那是摩西帶領以色列人民出埃及之後，命令巧匠比撒列 (Bezalel) 打造的，用來收藏他在西乃山上，所領受的兩塊十誡法版，後來嗎哪的金罐❶和亞倫發芽的杖❷等物也陸續收納在櫃中。

　　約櫃的大小在《聖經》中記載得很清楚，長 111 公分（2.5 肘尺）、寬高都是 67 公分（1.5 肘尺）〈出埃及記 25:10〉。除了蓋子外，

❶ 《聖經‧出埃及記》中記載：嗎哪 (Manna) 為上帝賜給古代以色列人的神奇食物，使其在曠野流浪的 40 年間食物不虞匱乏。

❷ 《聖經‧民數記》中記載：以色列 12 支派在曠野中流浪時，發生統治權爭執，為了解決問題，摩西依照上帝的指示，將 12 族長手中的杖，收集起來，放在約櫃前。過了一夜，代表利未派「亞倫的杖」居然發芽了！由此確立摩西這一族祭祀上帝的權力。400 多年後，當約櫃移入第一聖殿時，明確記載：櫃內僅有十誡碑石，另兩件物品不知下落。

櫃身以及抬櫃的棍子，是用堅硬、不易蟲蛀的皂莢木所製，再以精金❸包裹。蓋子由純金製成，上有兩個嘶嘞咱天使相對，低頭做懇求狀，所以稱為「施恩座」。

以色列人造好約櫃後，便抬著它在曠野中漂泊 40 年。佔據迦南地區後，將約櫃放在示羅 (Shiloh)，這一放又存放了 300 多年〈耶利米 7:12〉，直到大衛王即位後，覺得自己住在豪華宮殿中，但保佑他的約櫃卻在會幕（帳篷）中受風吹雨打，因此非常渴望建立一座永恆的殿宇來安置約櫃，但遲遲難以動工。

聖殿的工程

大衛王準備了許多材料❹，留給兒子所羅門王完成自己的宿願。約在西元前 966 年，所羅門王在位的第四年，終於開始動工興建殿宇！但以色列畢竟立國尚淺，工藝仍不夠精緻，因此所羅門王請腓尼基王希蘭 (Hiram) 幫助。「請」字說得好聽，事實上是付出了高昂的代價！為了聘請首屈一指的工匠戶蘭‧阿比 (Huram-abi)、以及各種藝術工匠，加上向腓尼基購買的物品，這些物品須用 8000 隻駱駝來運送，總共花了多少費用呢？《聖經》中並沒有記載，但可以知道的是，光付給腓尼基的伐木工人酬勞就有「小麥二萬歌珥（440 萬公升），大麥二萬歌珥，酒二萬罷特（44 萬公升），和油二萬罷特」〈歷代志下 2:10〉。

當然以色列本身也動用了龐大的人力：政府招募了 8 萬人去鑿石頭、7 萬人當搬運工〈歷代志下 2:18〉，經過 7 年的謹慎施工，終於完工落成！《聖經》中寫道，當約櫃進入聖殿的那一刻，散發強烈的光芒，強到連祭司都無法站穩〈歷代志下 5:14〉。

所羅門王聖殿

第一聖殿的大小規模，在《聖經》中的記載異常詳細。聖殿長約 30 公尺，寬約 10 公尺，高約 15 公尺，裝飾得超級豪華！聖殿前的兩根銅柱，左邊銅柱叫「雅斤 (Jachin)」，意思是「神的旨意」；右邊銅柱叫「波阿斯 (Boaz)」，意思是「神的力量」。

大門用木材建造，左右各一組。為什麼叫「組」？因為這可能是世界首創的開啟方式，模式和高鐵的廁所門一樣，是折疊式的。門上刻有噠嚕咱天使、棕樹、初開的花，並貼上金箔。門後是一道簾子，然後是內殿。

內殿鋪設昂貴的香柏木，左右兩側的牆壁上，也刻有噠嚕咱天使、棕樹、初開的花，且多了野瓜和鏈條紋飾，同樣貼上金箔。地板是松木包裹黃金。殿中有 10 張放置餅的桌子，以及 10 個金燈臺。放置餅的桌子長 90 公分、寬 45 公分、高 67.5 公分，雖是木製但以精金包裹，每張桌子放置 12 張餅，分成兩疊，代表以色列的 12 支派。10 座金燈臺是由重約 34 公斤的精金一體成型製成，每座金燈臺有 7 個燭臺，每個燭臺可以容納 6 個雞蛋大小容量的純

❸ 這裡所謂的「精金」，請別把它想像成電玩世界中，以特殊的水晶礦石和金屬結合的產物。那時猶太人居無定所的流浪在曠野之中，怎麼可能製造？此處指由人民將現成器具，重新熔化鑄造的黃金。

❹ 大衛積存了金子 3400 公噸（10 萬他連得）、銀子 3 萬 4000 公噸（100 萬他連得），以及大量的銅和鐵〈歷代志上 22:14〉。此外，他還從自己的積蓄捐出金子 102 公噸（3000 他連得）、銀子 238 公噸（7000 他連得）。眾首領也捐出 170 公噸金子（5000 他連得）、1 萬波斯金元、340 公噸銀子（1 萬他連得）和大量的銅鐵。〈歷代志上 29:4–7〉

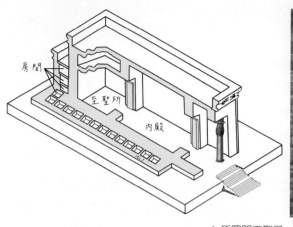

↑ 所羅門王聖殿

↑ 金燈臺

橄欖油，能連續點燃 12 個小時。

　　最後就是放置約櫃的至聖所。至聖所前方依然有和大門相同模式開啟的門，以及繡工更精緻的布簾。所內牆壁、地板和天花板皆以香柏木鋪成，再包裹精金！同時有兩個超級巨大的噠嚕咱天使在左右，張開雙翼充滿整個至聖所！神聖的約櫃就在兩個天使的羽翼之間。總之，整個聖殿的內外可以說是名副其實的「金庫」！

巴比倫之囚歸來──所羅巴伯聖殿

　　西元前 586 年，耶路撒冷被新巴比倫王國攻破，第一聖殿遭毀。新巴比倫王國後來被波斯帝國所滅，波斯統治者居魯士大帝釋放猶太人回鄉，並且將原本聖殿內的器皿，還給猶太人帶回家鄉（〈以斯拉記〉1:8–11 中沒有提到「約櫃」）。於是在所羅巴伯 (Zerubbabel) 以及大祭司約書亞領導下，第一批於西元前 538 年回

到耶路撒冷〈以斯拉記 2:64〉，並且開始重建聖殿。可是什麼資料都沒有的猶太人，要如何重建聖殿呢？波斯王這時再次伸出援手，命人從檔案室中找出一份第一聖殿的記錄交給他們〈以斯拉記 6:1-5〉，讓猶太人能夠依照文獻來復原聖殿。

猶太人民為了這次的重建，捐獻出身上的一切。要知道，他們可是流放回鄉，手邊能有多少金銀？但他們還是共同集資了 513 公斤的金子（6 萬 1000 金「達利克」）和 2830 公斤左右的銀（5000 彌拿）〈以斯拉記 2:69〉，以及其他物質作為建設基金。歷經波折，終於在回鄉 22 年後完工，型態如同第一聖殿。為了和大希律王所增建的第二聖殿做區別，所以將這座聖殿稱為「所羅巴伯聖殿」，不過這個聖殿被人嫌棄到極點！甚至為它的簡陋哭泣，這時有位先知安撫眾人說：「這殿後來的榮耀，必大於之前的榮耀！」〈哈該書 2:9〉

↑ 波斯居魯士大帝，攝於大衛塔

聖殿再造

如此又過了數百年，以外邦人身分，成為以色列王的大希律王，為了討好猶太人，開始改建所羅巴伯聖殿。首先他在聖殿山周圍建造數道巨大的擋土牆，建成類似中文「回」字，並在擋土牆之間填土，將聖殿山和周遭的低地墊高，高度最高達到 40 公尺！這些擋土牆以石頭建成，尤其轉角處的石材更達到 45 噸重！在如此大量的石頭鋪墊下，使聖殿山上可以建築的平地擴大為 14 公畝，比之前的面積增加了 6 倍之多！

聰明又天性猜忌的大希律王，在建築時留下了「伏筆」，那就是在聖殿西方蓋自己的豪宅與 3 座堡壘，更在北方蓋了座軍事要塞安東尼堡，以防猶太人哪天翻臉不認人時，可以躲到這裡，再逃往 7 個避難所之一。這也是為什麼第二聖殿看起來，有點像軍事設施的感覺❺。

← 第二聖殿模型的安東尼
　 堡，攝於以色列博物館

神遊第二聖殿

嶄新的聖殿山有 7 個門、8 個
入口可以上去，但南方的戶勒大門
(Hulda Gate) 和西方的幾個門較常使
用，東方的正門書珊門（金門），
僅供大祭祀時進出。不管從哪個門
上去後，首先你會置身於外邦人院。
顧名思義是：就算你不是猶太人，
也可以在這裡活動。

↑ 第二聖殿模型的王室柱廊，攝於
以色列博物館

　　當年站在外邦人院中，可以看到四周有古希臘科林斯柱式形成
的走廊，走廊的天花板均鋪以昂貴的香柏木，會散發淡淡的木材香
氣。尤其是南方的王室柱廊最為壯麗！總計 162 根，需 3 人才可環
抱的大柱，支撐起上方的建築物，在此居高臨下的景觀使人心曠神
怡。這裡和東方的所羅門柱廊是重要的商業區和居民休憩區，兌幣
商店、祭祀品店、紀念品店等等，或者某個「拉比（Rabbi，老師）」
發表演說、大媽跳跳廣場舞，都在這裡活動。

　　這種吵雜的自由區域，當然不會無限延伸，在接近殿宇前，有
一道高約 1.3 公尺的欄杆環繞著聖殿，每一個出入口上都掛有「非
猶太人進入者死！」的警告牌，真是嚇人。正好趁此機會整理心
情，莊敬地進入聖殿。

　　接下來請跟我從鐵鍊圓頂的方向往西走，發揮一下想像力。時

⑤ 西元 70 年羅馬帝國攻擊耶路撒冷城時，反叛軍就使用聖殿作為最後的據點。

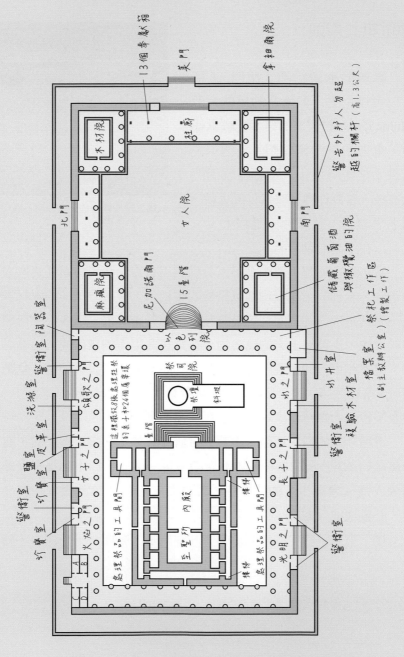

↑第二聖殿示意圖

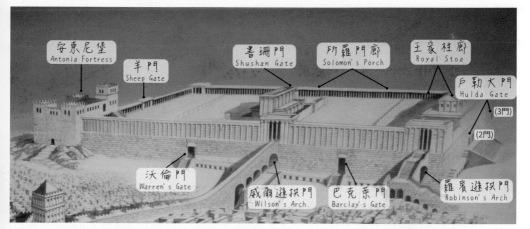

安東尼堡
Antonia Fortress
羊門
Sheep Gate
書珊門
Shushan Gate
所羅門廊
Solomon's Porch
王家柱廊
Royal Stoa
戶勒大門
Hulda Gate
(3門)
(2門)
沃倫門
Warren's Gate
威爾遜拱門
Wilson's Arch
巴克萊門
Barclay's Gate
羅賓遜拱門
Robinson's Arch

↑ 第二聖殿圖，攝於大衛塔

光回到 2000 年前，現在所在地的後方是僅供大祭祀進出的書珊門，正面是美門。上了幾個臺階之後，就即將進入聖殿的第一個庭院，叫做女人院，代表婦女在特殊節日中，可以在此活動。

女人院中有一環形柱廊，以及另外兩個出入口。在這 3 個出入的地方，都設有捐獻箱，這種古今中外相同的玩意兒。為了鼓勵多多做功德，箱子的投入口設計得非常有趣，首先銅幣要投入一支做工精巧，狀似號角的喇叭管，當這些硬幣投入管口，進入箱底之前，管子會因為寬窄、厚薄的不同，而被銅板敲擊出各種不同聲音，聽起來相當悅耳。但女人院的 3 個門一次擺了 13 個箱子，也真夠多的！不過每一個箱子收到的奉獻金，都有指定的用途，以維持聖殿的日常開支和祭品添購。

讓我們向前走幾步，站在女人院的正中央。女人院中有 4 個小院，分布在四個角落，使得這裡的公共活動空間像「亞」字形。12 點鐘方向的第二道大門叫尼加諾爾門 (Nicanor's Gate)，待會再細

說。10 點鐘方向的小院是庫房，主要用來儲存葡萄酒和橄欖油。2 點鐘方向是麻瘋院，當然不是安置麻瘋病人的地方，而是臨時放置供品的地方；當時人們相信，身有疾病的人，他的供品也沾染不潔，因此祭品要放在院中 8 天，淨化之後才可以進供。身後 4 點鐘的方向是木材院，即木頭送往祭壇燃燒前儲存的場所，會在此檢查有無蛀蟲、破損、腐敗等。最後 8 點鐘方向叫做拿細爾院 (Nazir)，它的用途是猶太人在某一段時間中，發願獻身給神，遵守某些特殊生活條件，以及還願的地方。

繼續向前走，能看到一個高大壯麗的銅門尼加諾爾門，這個門有多大多重？文獻上記載：需要 20 個人的力量才能開關它。當然這道崇高的門，也不是你說開就開、說關就關。那是在每天早晚祭祀後，祭司都會站在門前的 15 階半圓形臺階上（代表著《聖經》中的上行之詩 15 篇），唱詩讚美神，然後才能開關大門。

過了尼加諾爾門又是一個巨大的長方形柱廊，這個柱廊包圍著聖殿第二庭院，叫做以色列院又名男人院，指猶太男人可以進入的地方，非祭司身分的男人也僅限在柱廊間活動。

最後一個庭院是祭司院，被以色列院包裹其中。來到鐵鍊圓頂的東邊，現在我們所站的地方，當年是個巨大、高聳的祭壇！3 點鐘方向是一大片屠宰場，處理獻給耶和華的牲禮。鐵鍊圓頂前方是一個臺階，準備正式步入聖殿了。至於聖殿內的布局，剛才已經說過，此處就不重複。結尾要介紹聖殿在最後 40 年的時間中，有個奇異的歷史記錄。

↑ 第二聖殿模型

聖殿的奇蹟

　　大希律王從西元前 19 年開始建造第二聖殿，一直到他去世都沒有親眼看到完工的聖殿。從改建開始直到 81 年後，也就是西元 63 年才全部完成。完工之後的聖殿如雪山般聳立在耶路撒冷城中，連見多識廣的羅馬史學家都連聲讚嘆！

　　被羅馬帝國逐出耶路撒冷的猶太人，將浪跡天涯的日子整理成一本《耶路撒冷他勒目》(Jerusalem Talmud)，書中有一段令人驚駭的記錄：「聖殿被毀前的 40 年之間，西燈（金燈臺正中央的燈）熄滅，紅線仍然是紅色；拈鬮必拈在左手。他們晚上關了各個大門，早上卻發現完全大開。」

　　上述記錄的意思是：從耶穌上了十字架之後，聖殿內 10 個金燈臺的中央主燈點不著、贖罪儀式進行不了、大門關不起來，這些奇特的現象持續了 40 年之久！為什麼呢？有人解釋說：因為耶穌的血洗淨了人們的罪，所以不再需要贖罪儀式！也因為耶穌的緣故，上帝離開了聖殿，存在你我之間，所以聖殿的大門關不起來。而當時的猶太人並不承認耶穌，不會造假迎合，因此其中的奧祕著實耐人尋味。

Chapter
17

不聞雞鳴不流淚

雞鳴教堂

Day 7

耶路撒冷城外

　　各位是否覺得耶路撒冷舊城區內，有些狹窄擁擠呢？今天上午咱們就出城走走。第一站來到舊城八門之一的糞門南方，也就是古代錫安山的東坡。「等一下！我有看地圖，錫安山明明就在錫安門的南方，不是糞門的南方。」這樣想的你，只知其一不知其二！

　　耶路撒冷有 3 個地方稱為錫安山，以時間來劃分的話，第一個是大衛王時代的錫安山，就是現在我們所在的位置。第二個是我們曾經去過的聖殿山，在所羅門王時代也稱為錫安山。最後一個是現代的錫安山，在舊城西南方的錫安門外。所以剛才說的是「古代錫安山」。

　　出停車場，走一點下坡路，就到了一個小廣場。小廣場有座雕像，背後的典故是：一個女人指認出彼得是耶穌的門徒，原本信誓旦旦同生共死的彼得，這時卻嚴正否認與耶穌的關係！從小廣場向山下看，能發現一段古老的石階，根據考證是建於 1 世紀，因此信

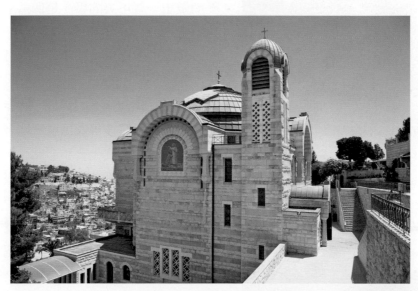

↑ 雞鳴教堂

↑ 彼得否認與耶穌有關

← 耶穌走過的石階

徒們相信，這是耶穌在被捕後，曾經走過的石階。

這裡除了是彼得 3 次否認和耶穌關係的地方，據說也是當年謀害耶穌的大祭司——該亞法的故居。耶穌在客西馬尼園被捉後，先到此地受該亞法私刑審問，囚居一夜後，第二天交給羅馬官員，被判釘上十字架。

彼得否認耶穌有什麼好紀念？這要從彼得本身說起，一般我們都稱他為「老彼得」，因為他在《聖經》中常常說錯話，或者因為個性衝動做出一些可笑的事，是個再平凡不過的人。

例如他在耶穌被捕那天：「最後晚餐」時，耶穌與門徒告別，因為他已經預知猶大的背叛，門徒們會四散。這時彼得義憤填膺地表示，哪怕天崩地裂也會和耶穌在一起！但耶穌卻冷冷地告訴他：「我實在告訴你，今夜雞叫以先，你要三次不認我。」彼得說：「我就是必須和你同死，也總不能不認你。」〈馬太福音 26:33–35〉結果呢？

耶穌被捕後，彼得躲在看熱鬧的人群中，被人指認出來，彼得急忙否認！又被認出，否認！第三次被指認，彼得否認的同時，天明雞叫了，耶穌轉過頭來看著彼得（可見他們倆距離很近，彼得 3 次的否認耶穌都聽到了），彼得想起之前的預言，痛悔不已。為什麼這樣一個有缺陷的人最後成為「教宗」？這就是基督宗教的核心價值之一：「悔改」！所以雞鳴教堂是彼得踏上教宗之路的起點。

　　這裡在西元 457 年的拜占庭時代就建立了教堂，但於 1010 年被毀。1102 年十字軍來時重建，並且命名雞鳴教堂至今。穆斯林驅逐十字軍後，教堂荒廢數百年，直到 1931 年才在「法國修會聖母升天會」大力支持下重建。因為蓋在山坡上，所以雞鳴教堂的結構有些複雜，從停車場到教堂前的小廣場，可以選擇上幾個階梯，參觀它的現代教堂，或者由小廣場的一側進入教堂的地下石窟。

　　踏上小廣場的幾個階梯，就來到教堂的入口。鐵製正門的頂端是段拉丁文，取自於〈詩篇〉121:8：「你出你入，耶和華要保護你，從今時直到永遠。」鐵門浮雕的場景，是在最後晚餐中，耶穌向彼得說：「你要三次說不認得我」〈路加福音 22:34〉。這句話一樣是以拉丁文銘刻在門的底部，但經文上記載，是耶穌前往客西馬尼園的路上所說〈馬太福音 26:30–34〉。

　　進入室內，是個較小的聚會

↑ 聖彼得像，梵諦岡大教堂廣場

↑ 耶穌被補當夜懸吊的井
→ 耶穌吊在豎井中

場所，可以發現有個圍起來的欄杆，中央是個豎井，井口邊上 3 個十字符號，是拜占庭時期刻上的。人們說：耶穌在該亞法家那夜，是被吊在這個豎井中。雖然雙腳著地，但因為繩子綁在上方，以致無法躺下休息，就這樣站了一夜（教堂東面上方的牆壁有此形象）。

　　這個小會場有個祭壇，祭壇上畫著彼得否認耶穌之後痛哭流涕。面對祭壇的右手邊的畫作是描述：彼得回到加利利海重拾捕魚生活，然後

↑ 雞鳴教堂大門

耶穌顯聖，3 次問彼得是否愛他？畫作下面的經文說：「主啊、你是無所不知的，你知道我愛你」〈約翰福音 21:17〉，耶穌把牧羊杖交給彼得，並且對他說：「你餵養我的羊」，意思是叫彼得領導教會。

再上一層樓，就到了教堂最大的聚會場所，這裡的裝飾典故也特別多，首先天花板有個巨型十字形窗口，被一圈天使圍繞；十二門徒坐在寶座上，分據 4 個角落，有趣的是他們都舉起了右手，這是舉手表決嗎？當然不是！這是審判的動作。出自〈馬太福音〉19:28：「你們也要坐在十二個寶座上，審判以色列十二個支派。」

祭壇上大型的馬賽克畫，出自〈馬可福音〉14:60-64 耶穌被該亞法派人捉來私自審問的情況。對面也有一幅大型馬賽克畫，繪著一位頭戴王冠的女子，她是英國都鐸王朝 (House of Tudor) 的女王：

↓ 2 樓主祭壇

瑪麗一世 (Mary I, 1516～1558)，在位期間曾經試圖恢復天主教的信仰，雖然最後失敗，但天主教徒視她為殉道的烈士。旁邊的法文出自《新約聖經・歌羅西書》1:24：「要在我肉身上補滿基督患難的缺欠」，意思是說：耶穌的信徒要身體力行地證明自己是信徒。

面對祭壇的右手邊，有個較小型的馬賽克畫，講述 3 個女人的故事：一位是〈路加福音〉中用昂貴的香膏加眼淚為耶穌洗腳，再以頭髮擦乾的不知名女子，另一位是 5 世紀的絕世美女聖佩拉加 (Saint Pelagia)，她放棄了依靠容貌所累積的巨大財富，誠心悔改成聖人！最後是最傳奇的埃及的聖馬利。

聖馬利是個埃及人，約出生於 340 年，12 歲離開親人，跑到亞歷山卓城 (Alexandria)，靠著出賣肉體維生，29 歲時在機緣巧合下來到耶路撒冷城，被聖母馬利亞顯聖感化後，獨自一人在曠野中修行 47 年，被當時著名的修行者聖澤西馬斯 (Saint Zosimas of Palestine) 發現。埃及的聖馬利在吃過聖澤西馬斯帶來的聖餐後逝世，奇特的是，當聖澤西馬斯埋葬馬利時，居然有隻獅子跑來幫忙，真是個奇蹟！

埃及的聖馬利旁邊是幅大型的馬賽克畫，當中的老人，是耶穌十二門徒中存活最久的約翰。旁邊的法文描述〈約翰福音〉13:25 中的情節：在最後晚餐中，有個門徒依靠著耶穌胸膛，詢問是誰出賣了耶穌？以及訴說聖餐禮是永生的食物、死亡的征服者。

面對祭壇的左手邊，有幅較小型的馬賽克畫，講述 3 個男人的故事：第一個人原本沒有名字，後來稱為聖迪馬斯 (Saint Dismas)，他是和耶穌同時被釘上十字架的盜賊，在十字架上向耶穌悔過，得到救贖。另一個是 6 世紀在加薩地區修行的聖多濟西 (Saint Dozithée)，和 12 世紀初的隱士聖威廉 (Saint William)，他放

1 耶穌把牧羊杖交給彼得
2 小型馬賽克畫，講述著
　3 個男人的故事
3 彼得身穿教皇衣冠

棄貴族生活，投入艱辛的苦行修道者，其修行方式，影響後世。

旁邊最後一幅馬賽克畫中，彼得身穿教皇衣冠，左手拿著天國和教會的兩把鑰匙，旁邊的文字訴說著「悔改」！彼得雖多次做出不符耶穌教誨的言行，包含殺人；以及 3 次不認耶穌的懦弱行為，但最後終於痛心悔過，成為第一代教宗。相對於猶大雖後悔出賣耶穌，退回出賣耶穌的 30 枚銀幣，但他選擇上吊自殺，沒能補過，成為一代罪人。

請跟著我下樓，回到教堂的小廣場，進入當年的地下洞窟。這個洞窟是 1889 年發現的，曾挖掘出 5 世紀拜占庭時期的錢幣以及宗教性文物，可見當時就認為這個洞窟便是耶穌被囚的地方。但一個住宅的地下室，不可能是專門關犯人的地方，所以當時可能只是臨時把儲藏室充當牢籠。這一點可以從同時期大型住宅的考古，得到證明。

走進來不久就可以看出這裡以前是個儲藏室，因為石壁上有幾個鑿洞，可以懸吊東西，曲折向下後有幾個石室，應該是存放各種生活用品的地方。其中一間石室中樹立著一個小石柱，上面放著一本書，書中以各種文字書寫著《聖詠集》第 88 首〈哀怨歌〉，有興趣的人可以翻到中文的部分唸一唸，紀念耶穌。

Chapter
18

主人不在家
大衛王陵

Day 7
耶路撒冷城外

上車離開雞鳴教堂，接下來要跑 3 個景點，但幾乎在同一個地方，而且距離很近。這段時間我先介紹一個世界著名的雕像——絕世天才米開朗基羅雕刻的大衛像。

這個雕像背後的故事是個傳奇。距今約 3000 年前，以色列人與南方的非利士人發生激烈戰爭。非利士人的第一武士歌利亞，讓以色列軍連嚐 40 天的敗仗！

《聖經》這樣描述歌利亞：身高 6 肘 1 虎口（約 292 公分），身上鎧甲重 5000 舍客勒（約 57 公斤），手持大戟，光戟頭就重 600

↑ 大衛像

舍客勒（約 7 公斤），另外有個手執大盾的護衛站在他身前〈撒母耳記上 17:4–7〉。《聖經》上沒寫的是：歌利亞身上鎧甲可能是當時的超級金屬：鐵，因為非利士人已經掌握煉鐵技術了。總之，歌利亞是個猛張飛似的萬人敵！

那時的大衛年齡尚輕，是老爹 8 個兒子中最小的一個，在家中負責牧羊的工作。因為國家面臨威脅，所以 3 個哥哥都參加激戰。有一天大衛送便當給兄弟，沒想到戰場上見到的是歌利亞的囂張辱罵，掃羅王懸以重賞，徵求勇士迎戰歌利亞，但猶太武士噤若寒蟬。於是咱們的大衛初生之犢不畏虎，自告奮勇代表以色列出戰！他拒絕了掃羅王提供的戰衣，帶著隨身趕狼的投石器，從溪水中撿了 5 塊石頭，一舉擊殺歌利亞，為以色列取得勝利。

　　成為英雄的大衛並沒有因此一帆風順，過著富貴的日子，反而因掃羅王的猜忌，度過一段東躲西藏的日子，經過 7 年半後，大衛才在眾人擁立下成為第二代以色列王。

　　好了，我們到了，大家請下車。現在所在地是耶路撒冷舊城的西南角，也就是錫安門前，阿拉伯人稱為「先知大衛之門」，因為大衛王陵就在這裡。其實阿拉伯人錯了，根據《聖經‧列王紀上》記載：「大衛與他列祖同睡，葬在大衛城。」另外《聖經‧尼希米記》也記載：大衛城在今天糞門南方的西羅亞池 (Pool of Siloam) 附近，所以真正的大衛王陵應該在剛才的雞鳴教堂附近。那我們來這裡做

← 大衛擊殺歌利亞

↑ 大衛王陵

什麼？

　　這要從 2 世紀時說起，之前提到有個很討厭猶太人的羅馬皇帝哈德良，為了將耶路撒冷改建，拆除了包含大衛陵在內的歷代王陵，加上猶太人遭到驅逐，王陵的真正位置漸為人淡忘。於是人們在大衛的故鄉伯利恆 (Bethlehem)，建了一個紀念墓，反正大衛是伯利恆人，這樣做也沒錯。10 世紀時，紀念墓從伯利恆遷到耶路撒冷，但安在哪裡呢？那時的人們天真地以為：王陵一定在比較高的西山才能顯出氣勢，不會在低矮的東山（對不起，偏偏它就在東山），於是就把紀念墓奉厝在這。

　　進來以後男女分道，馬上可以看到一個石棺。這個石棺是

← 大衛王雕像

1099 年，十字軍在耶路撒冷時所做的。放置的地方還能明顯看到
1948 年以色列獨立戰爭的痕跡。

　　現在的石棺披著天鵝絨，石棺內放置 22 個作工精緻的經匣，
記錄大衛王的傳奇事蹟，「22」代表他的子女數量。大衛王的事蹟
不僅猶太人引以為傲，就連穆斯林也感到可佩！可別認為這與我們
無關，你知道撲克牌的黑桃 K 正是大衛王嗎？

　　雖然這是個空墓，仍是個猶太人的聖地！來紀念這位一代音樂
家、詩人和君王。

　　很湊巧！下個景點就在樓上，請隨我來。

馬可樓

最後的晚餐

馬可樓

✈
Day 7
耶路撒冷城外

巴多羅買　小雅各　安得烈　彼得約翰　多馬　毛雅各　腓力　馬太達太西門

猶大

最後的晚餐

　　現在來到的是「最後的晚餐」用餐場所：馬可樓。提到這個景點前，咱們先來看 15 世紀達文西的經典畫作。他深刻地捕捉到耶穌說有人將出賣他的瞬間，十二門徒的表情動作，例如：安得烈 (Andrew) 彷彿在說：「哦！我的天啊！」；馬太似乎激烈地對西門 (Simon the Zealot) 說：「老師怎麼這麼說？」；而西門兩手一攤，也許在說：「我哪知道！」；衝動的彼得揮舞著刀子、老雅各 (James) 擋住多馬 (Thomas)。時間彷彿真的停留在那一刻。「那一刻」的時間點眾說紛紜，無論哪種說法，可以確定是耶穌第三次進入耶路撒冷後的第六天。

　　畫作中的地點，也非常戲劇化。〈馬可福音〉中提及過程大意是：弟子們討論逾越節（猶太教節日）的筵席去哪裡吃？耶穌對兩個門徒說：「你們進城去，必有人拿著一瓶水，迎面而來；你們就跟著他。」；「他進那家去，你們就對那家的主人說：夫子說：客房在那裏？我與門徒好在那裏喫逾越節的筵席？」〈馬可福音 14:13-14〉就這樣大大方方地到別人家吃飯了。

　　從這段記載中，可以發現那家主人沒有任何推辭，就讓耶穌 10 幾個人到家中用餐，應該是非常熟識的人。但福音書中沒有提及這是誰家，可是在《新約聖經》〈使徒行傳〉中常常提及有個眾

人聚會的「樓」，那是〈馬可福音〉作者馬可母親馬利亞的家，所以稱為「馬可樓」〈使徒行傳 1:13–14、12:12〉，因此將「最後的晚餐」場景設定在這裡。

這個場景對基督宗教的人來說是何等重要！一方面耶穌宣告有人即將出賣他；另一方面，席中耶穌特別為眾人洗腳，教導人們謙卑、相愛；更重要的是，耶穌藉著象徵他肉體的「餅」，和象徵血液的「酒」分食給眾人，使耶穌與信徒同在，也因為信徒身上有上帝之子的血肉，才能自稱是上帝的兒女。直到今日，彌撒的「聖餐禮」還是重複這個動作，可見是多麼重要的儀式。

另一方面，在這場宴會結束後的第二天，耶穌被釘上十字架後，眾人仍常常回到這裡禱告，成為重要的聚會場所，被認為是世

↑ 最後晚餐樓

上第一個「家庭式教會」，耶穌復活後也數次在此顯聖。所以這裡是非常重要的宗教儀式發源地！但這裡真的是當年的場所嗎？

此事還是有爭議，不過確實是在附近沒錯！因為此處當年是較為富裕的區域，不然誰家的樓上可以容納 120 人的聚會？〈使徒行傳 1：15〉所以早在西元 390 年，這裡就興建了「聖錫安教堂」作為紀念，但西元 614 年被波斯人破壞。直到 12 世紀，十字軍重建成現在的兩層樓建築，16 世紀鄂圖曼帝國時期，把這裡改為清真寺。現在看到的樣式，就是當時的哥德式建築。

因為曾經是清真寺，所以有個朝向麥加方向的壁龕，以及喚拜樓，都是 1552 年所增建。壁龕對面有個藝術品，是將麥子、葡萄融合在一棵橄欖樹上，象徵著祈求世界和平（麥子做的餅象徵耶穌

← 壁龕

↑ 橄欖樹

↑ 柱頭上的鵜鶘

↑ 窗戶

的肉體，葡萄象徵耶穌的血液，橄欖樹代表基督宗教）。樓中內部
結構的柱頭大部分使用莨苕的植物裝飾，特別有個柱頭上雕刻著鵜
鶘，傳說這種鳥愛護子鳥無微不至，當孩子沒東西吃時，會用嘴將
自己的胸膛撕開，讓孩子吃。藉此象徵耶穌對人的愛，甘願捨身來
成就世人。

　　不論這裡是不是當年最後的晚餐所在，或是第一個教會所在，
這裡都交織著不同的文化、宗教以及傳統。猶太人在樓下敬仰大
衛，穆斯林在樓上崇敬先知；雖然在外彼此相爭，可是在此和平共
存，此即這個地方的特別之處！

　　我們在這裡拍一下照片，10 分鐘之後出口見，前往今天上午
的最後一個景點。

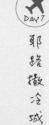

Chapter
20

慈悲的海市蜃樓

聖母安息堂

Day 7
耶路撒冷城外

　　馬可樓外，有座大衛王雕像，手中拿著豎琴，這是大衛王以音樂安撫掃羅王情緒的姿態。上午最後一個景點——聖母安息堂 (Abbey of the Dormition) 就在旁邊，很近吧！

　　這座教堂歷經多次的破壞和重建。直到 1898 年普魯士國王威廉二世 (William II, 1859～1941)，向鄂圖曼蘇丹哈米德二世 (Sultan Abdul Hamid II, 1842～1918) 買下這塊土地重建教堂。1910 年，聖母安息堂完工，由德國本篤會入住管理，直到現在。

　　此處是聖母馬利亞的紀念地，並不是她真正的墓地。一踏進教堂，地板就是非常精緻的馬賽克畫！這個作品正中央是聖父、聖子、聖靈三位一體的符號，輻射光芒的後方，是四大先知：但以理 (Daniel)、以賽亞 (Isaiah)、以西結 (Ezekiel) 和耶利米 (Jeremiah) 的名字，分據四方並且分別在鷹、人、獅、牛四福音書的圖騰下，然

↑ 聖母安息堂

後 12 位小先知的名字圍繞一圈，12 月份的名字又一圈，12 星座的
圖騰再一圈。最後都由《聖經・箴言》8:23–25 的文字包圍：「從亙古，
從太初，未有世界以前，我已被立。沒有深淵，沒有大水的泉源，
我已生出。大山未曾奠定，小山未有之先，我已生出。」這件藝術
作品表示上帝存在於無限的「空間」與「時間」，甚至星際之間！

　　主祭壇上有幅金色馬賽克，是聖母馬利亞懷抱著小耶穌。你看
耶穌雖然年紀尚小，但手中還知道抓本書，知道書上寫什麼嗎？上
頭寫著：「我是世界的光」〈約翰福音 8:12〉，說的就是他自己！馬
利亞頭部的符號是古希臘文，意思是：「馬利亞，上帝的母親」。
下面又是一段文字「必有童女懷孕生子，人要稱他的名為以馬內利
(Emmanuel)」〈馬太福音 1:23〉，然後有 8 個曾經預言過救世主誕生

↑ 地板馬賽克畫

← 聖母馬利亞懷抱著小耶穌

的先知在下方。

面對祭壇的左側，從祭壇數來第一個小祭壇，是聖母馬利亞懷抱著小耶穌，受巴伐利亞地區主教包圍；第二個小祭壇是站在約旦河邊的施洗者約翰；最後一個裡面有 3 位聖人，中央是聖博尼法斯 (Saint Boniface)，聖誕樹的典故就是出自於他（他為救一名被獻祭的兒童，將異教徒崇拜的對象轉移為聖誕樹）。旁邊手持福音書和鈴鐺的是聖利奧巴 (Saint Lioba)，她與聖博尼法斯關係密切，共同為天主教的傳播，做出偉大的貢獻。另一個手持長劍的是聖莫里斯 (Saint Maurice)，他拒絕羅馬皇帝屠殺基督徒的命令而殉教，成為聖人。

右側從祭壇數來第一個是耶穌家譜小祭壇；第二個是各國國王向懷抱小耶穌的聖母馬利亞致敬。畫中有個拿草帽的人，在一群王者之中顯得格格不入，他是 8 世紀時英國第一個前往耶路撒冷朝聖

↑ 祭壇的左側　　　　　　　　　　　　　　　↑ 祭壇的右側

的聖威利巴爾德 (Saint Willibald)。最後一個靠近門口的人像,是極
負盛名的聖本篤 (Saint Benedict of Nursia)。

　　我們從入口兩側的旋轉梯下去,就到達聖母馬利亞的紀念墓。
這尊聖母馬利亞遺像是由非洲國家象牙海岸捐贈,以象牙和櫻桃木
所製成。上身墊高,呈現安眠的姿勢。注意!不是平躺的死亡姿
勢。穹頂正上方,耶穌張開雙手,準備迎接母親的靈魂。

　　耶穌下方有 6 位《舊約聖經》中的女人,分別是人類始祖的
夏娃,率領婦女以歌唱舞蹈的方式來讚美天主;摩西的姐姐米利
暗 (Miriam);〈士師記〉中以帳篷的橛子和錘子,殺死敵人西西拉
(Sisera) 的女英雄雅億 (Jael);使用美人計割下亞述統帥頭顱,挽救
以色列危機的友弟德 (Judith);大衛王的曾祖母,孝賢的路得 (Ruth);
以及拯救以色列民眾的波斯皇后以斯帖 (Esther)。

　　朝聖母馬利亞像頭部的方向前進,是耶穌和十二門徒的小祭

↑ 聖母遺像

壇。腳部方向也有一個小祭壇，上方壁畫很有意思。耶穌的兩位門徒約翰和公義的雅各 (Saint James the Just)，以及其他不知名的路人甲乙丙，一起為聖母入殮。為什麼要畫兩個門徒？因為經文中記錄：耶穌臨終前，將照顧母親的責任，託付給愛徒，但卻不知道是哪一位（一般認為是約翰），所以乾脆一起畫。這幅畫像還有另一個有趣的地方，是耶穌抱著一個小嬰兒。仔細看，嬰兒的臉就是縮小聖母的臉，小嬰兒即聖母馬利亞，表示聖母的靈魂像嬰兒一樣純真無瑕。

　　參觀完畢之後，別忘了入口附近有個販賣部，大家可以自由選購紀念品。個人比較推薦印有「耶路撒冷十字」（參 164 頁）的 T 恤，這在別的地方可看不到喔！然後我們要前往伯利恆吃午餐，有一家餐廳所作的庫斯庫斯 (couscous) 特別好吃，這種粗麥或稱北非小米的飯，配上蔬菜和烤肉，是中東地區的特色美食！

→ 耶路撒冷十字，拿撒勒報喜堂

路得　友革德
以斯帖　雅憶
夏娃　米利暗

↑ 聖母馬利亞遺像上方的穹頂

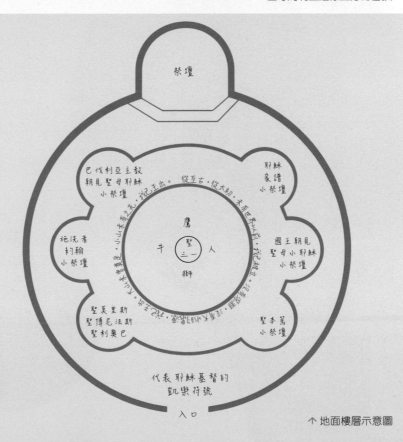

祭壇

巴伐利亞主教
朝見聖母耶穌
小祭壇

耶穌
家譜
小祭壇

從互古，從太初，天所世界以前，我已被立。

施洗者
約翰
小祭壇

鷹
牛　聖三一　人
獅

國王朝見
聖母小耶穌
小祭壇

聖英里斯
聖博尼法斯
聖利奧巴

聖本篤
小祭壇

代表耶穌基督的
凱樂符號

入口

↑ 地面樓層示意圖

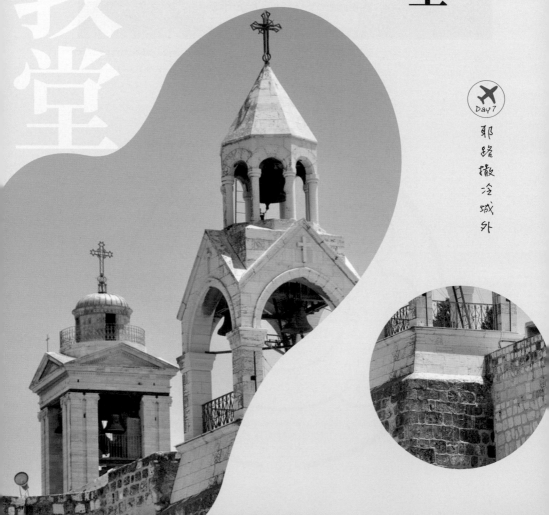

Chapter
21

祂真的在這裡

主誕教堂

✈
Day 7
耶路撒冷城外

現在前往的地方，是距離耶路撒冷 8 公里的伯利恆，那兒有個世界知名的主誕教堂 (Church of the Nativity)，這個「主」是指耶穌基督，顧名思義就是耶穌基督誕生的地方。

抵達伯利恆之前，先跟大家討論幾件事。首先，無論你是不是教徒，都不得不承認耶穌是世界上影響力最大的人之一，但對於祂的幼年生活我們所知甚少，大家都知道祂誕生在伯利恆，但你知道祂是以色列北方的拿撒勒 (Nazareth) 人嗎？聖母馬利亞為什麼會跑到南方的伯利恆來生產？又是什麼時間誕生的？《聖經》上沒有寫耶穌是 12 月 25 日生的，那為何我們都說那天是祂生日呢？

聖母馬利亞為什麼會跑到南方來生產？我們先看《聖經》的背景交代，根據〈路加福音〉說：「該撒亞古士督有旨意下來，叫天下人民都報上冊。」這個該撒亞古士督就是羅馬帝國的屋大維

↑ 耶穌誕生圖

(Gaius Octavius, 63B.C.～14B.C.)。有一次進行統治區內的戶口調查，因為耶穌的養父約瑟祖籍在伯利恆，所以帶著身懷六甲的聖母馬利亞，回到祖先大衛王故地來報戶口，不料到達伯利恆時，城內的所有旅館大爆滿，因此馬利亞被迫住在馬廄，並在此生下耶穌。

以上是大家所熟知的背景，但這其中有個問題：戶口普查的命令是西元前8年下達的。〈路加福音〉又說：「這是居里扭 (Quirinius, 51B.C.～21A.D.) 任敘利亞總督的時候，頭一次行報上冊。」而歷史上的居里扭，在西元前4年時離職。考慮到那時資訊沒現代這麼發達，戶口普查的命令在西元前8年發布後，不可能這麼快在千百里外的以色列執行，所以根據《聖經》上的記錄，和歷史現實來推算：耶穌誕生於西元前7～前4年間比較合理，而非誕生於傳統認知中的西元元年。至於幾月幾日生？抱歉，《聖經》上沒記載。現在12月25日聖誕節，是在西元353年經討論才定調的。

怎麼樣？大出各位所料吧？不論如何，耶穌確定在伯利恆的主誕教堂內誕生，這一點倒鮮少爭議。進入伯利恆時，大家有沒有

→ 伯利恆高牆

發現一道高牆？其實伯利恆到目前為止，依然是巴勒斯坦人的居住地。因此以色列政府在雙方關係緊張時，建造一道圍牆，把他們限制在裡面。雙方目前和諧相處，邊境關卡也輕鬆不少，否則以前出入這個關卡，用風聲鶴唳來形容也不為過。

　　抵達停車場之後，居然有段電扶梯可搭，這在以色列景點之中非常罕見！因為伯利恆就靠觀光業為生，當然要討好一下各位老爺夫人了。伯利恆是座將近 800 公尺高的小山城，所以出了停車場還有段小坡路要走。趁這段短暫路程，讓我介紹一幅名畫，大家知道 19 世紀法國藝術家米勒的名作《拾穗》嗎？《舊約聖經》中有一個故事，講述大衛王的曾祖母路得，在困苦中回到伯利恆。沒有謀生能力的路得，在財主波阿斯 (Boaz) 的田地中拾取掉下來的麥穗維生，最後與波阿斯結為連理，《拾穗》就是以這個故事為背景，創作而成。

拾穗

← 謙卑之門

　　言歸正傳，主誕教堂和許多耶穌遺跡一樣，曾遭哈德良皇帝改建成羅馬廟宇，西元 326 年依然被皇太后海倫娜阿姨所發現，並開始興建教堂。到西元 565 年時，經過東羅馬帝國查士丁尼大帝大肆整修，現在教堂內許多地方還留著當年的痕跡。

　　說話間，我們來到了主誕教堂的廣場，進入廣場前有塊小石碑，是伊斯蘭第二任哈里發奧馬爾一世 (Umar ibn Al-Khattāb, 579～644) 來訪的紀念碑。請抬頭看一下教堂屋頂上飄揚的旗幟，那是第一次十字軍東征時，教皇烏爾班二世 (Pope Urban II, 1042～1099) 所頒贈的軍旗——耶路撒冷十字，現在是方濟會的標誌，5 個十字架代表耶穌在十字架上的 5 處傷口。

　　大家向前走幾步，看到教堂的正門，可以從痕跡上看出以前門框比較大，據說在鄂圖曼帝國統治期間，為防範騎兵闖入而故意改成現在這樣。入門必須低下頭，以謙卑的姿勢才能進入，所以叫做「謙卑之門」。

　　進入謙卑之門後，經過前廳，就是廣闊的大廳。大廳由 44 根希臘科林斯柱式支撐，柱頭以莨苕裝飾。特別的是中央兩側的 22 根柱子，各繪有一位聖人的圖騰。這些圖騰的繪畫方式非常特別，是用熱蠟調入顏料而成，可見工匠有高超的技藝！因為不可能在筆沾了顏料之後，還能慢慢畫。

　　中央兩側高處牆壁上的馬賽克畫更是一絕！是 12 世紀耶路撒冷王國時的作品，以極細小的石子排列成馬賽克畫。左側是 7 次東正教的大公會議，因缺損嚴重，目前僅能從畫中看見兩屆會議的情況，右側缺損更為嚴重，從殘跡來看，應該是耶穌的祖譜，還有鐵

← 主誕教堂大廳
↓ 多馬測驗耶穌的傷口

齒的門徒多馬測驗耶穌的傷口，證明耶穌的確是死而復活。這些馬賽克畫雖然經過 800 多年，僅存當年面積的 20%，但仍有超過 1500 萬塊石頭鑲在金碧輝煌的牆面上，可以想見當年有多豪華！而且牆面微微向內傾斜，讓人可以看得更清楚。

　　什麼叫大公會議？你有看過電影《達文西密碼》嗎？其中討論耶穌神性的「尼西亞會議」，就是西元 325 年的第一次大公會議。這種宗教會議，是討論重要的教務和教義。從現在牆上僅存的馬賽克畫，可以看到當時召開會議的建築物，建築物內的文字是當時的結論。會議上方是僅存的 7 位天使，全部面向前方，而且手指著耶穌基督誕生的地方。

　　大家請看大廳左側被打開的地板，這是英國政府 1934 年整修地板時發現，查士丁尼大帝時期製作的馬賽克鑲嵌地板，其中有許多「所羅門結」。要解釋所羅門

← 所羅門結。亞歷山大大帝一劍斬斷數百年無人可解的繩結，用智慧解開了謎題

↑ 進入馬槽　　　　　　　　↑ 聖母馬利亞在此生下耶穌

結的意思，還得配合「亞歷山大的劍」，兩者結合暗喻「一切問題的直接答案」。

　　繼續前行經過主祭壇。這個祭壇之前在聖墓教堂介紹過：屬於東正教的形式，有聖像壁和主教寶座等結構。然後右轉，經過割禮祭壇，就準備進入聖潔的洞穴中，去看耶穌基督呱呱墜地的地方了。洞穴入口僅能容納 1 人進入，所以可能要排個隊。

　　進入地下室的右側，在雲石的地臺上，鑲有一顆 14 角銀星。石面上有一圈拉丁文寫著：「Hic De Virgine Maria Jesus Christus Natus Est」，意思是「這是聖母馬利亞誕下耶穌基督之地」。這顆銀星象徵耶穌誕生時，在伯利恆上空所出現的天文異象；稱為伯利

↘ 主誕教堂示意圖

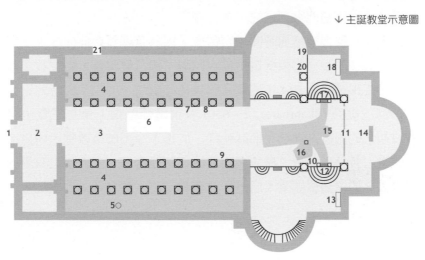

1	謙卑之門	9	「耶穌祖譜殘跡」馬賽克畫
2	前廳	10	主教寶座
3	大廳	11	聖像壁
4	科林斯柱式廊	12	洞穴入口
5	聖水盆	13	割禮祭壇
6	查士丁尼大帝時期馬賽克地板	14	高壇
7	「大公會議」馬賽克畫	15	耶穌誕生之地
8	「遊行天使」馬賽克畫	16	馬槽

17	洞穴出口
18	東方三博士祭壇
19	聖母馬利亞祭壇
20	拜占庭帝國海倫娜皇太后主持教堂啟用盛況
21	聖凱薩琳修道院入口

恆之星。之所以為 14 角，有幾個說法，一是因為依照耶穌家譜來看，從亞伯拉罕到大衛共經過 14 代，從大衛到猶太人被迫遷至巴比倫也是 14 代，再經過 14 代，耶穌降生。另外也有耶穌最後的一段苦路被分為 14 站的典故，因此 14 是極具象徵性的數字。

原始的銀星是 1717 年所安置，但被人偷走，至今下落不明。現在的銀星，是鄂圖曼帝國國王於 1852 年時捐贈。在銀星周遭另有 15 盞油燈，是不同派別、國家，在不同時期所送，用來照耀銀星。它的對面是著名的馬槽。銀星對面的走廊，底部有個門，原本可以通往別的地方，但因為另一個區域由天主教所管理，因此長時間封閉，每年僅在 12 月 24 日午夜才開啟，讓天主教的神父帶著餅和酒，通過這道門來到這裡，舉行禮拜。

大家到這裡要把握時間拍照留念，因為管理員會催促。走上聖潔洞穴的臺階後，有幅壁畫常被人忽視，但這幅壁畫，曾經救了教堂一命！那是西元 614 年波斯帝國攻佔此處時，傳說：當時的指揮官沙赫巴勒茲 (Shahrbaraz, ?～630) 看到這幅壁畫上東方三賢士穿著波斯人的服飾，向嬰兒耶穌朝拜，於是下令不破壞教堂，所以這幅壁畫可說功德無量。最後來到聖母馬利亞祭壇，上方牆上有另一個壁畫，描繪海倫娜皇太后建好這座教堂時，接見眾人的盛況。

聖凱薩琳教堂

接下來請移步到隔壁的聖凱薩琳教堂 (Church of Saint Catherine, Bethlehem)。來到教堂前中庭時，往上看教堂的山牆上有個車輪的標誌，這可不是什麼汽車廠牌，而是聖凱薩琳 (Sainte Catherine of Alexandria, 287～305) 的符號。她是西元 305 年，遭車

↑ 聖凱薩琳教堂中庭

裂殉教的女基督徒。傳說她生前極具智慧，與博學多聞的學士辯論也絲毫不落下風，在埃及亞歷山卓城殉教後，遺體由天使運到西乃半島最高的葉弍羅山頂（即西乃山，又稱摩西山），300 年後，山下修道院中的修士，在夢中受到啟示，發現她的遺體，遷移至山下的修道院，也就是現在的聖凱薩琳修道院中。

↑ 聖傑洛米像

在修道院的中庭，還有一尊聖傑洛米 (Saint Jerome, 347～420) 的雕像，高高站在一根柱子上。這位先生非常了不得！他花了 30 年的時間，將《聖經》由希臘文翻成拉丁文，換句話說，就是翻成國際

← 無辜洞

↑ 優西比烏以及寶娜母女

流通文字。後來成為天主教的官方版本，是西方教會中流傳最廣的譯本，使《聖經》能順利在西方世界傳播！各位可以發現他的腳邊放了一顆骷髏頭，這是他的個人標誌。據說他在工作桌上放著一顆骷髏頭，勉勵自己不要害怕。

請跟我進入教堂，這裡是每年舉行聖誕彌撒的地方。大家請走右側樓梯，下去一個地洞。其實這個地洞和主誕教堂的聖潔洞穴相連，因為前文所述原因而無法直接穿越過來。走入洞中所在的地方叫做聖約瑟洞，是紀念耶穌養父老木匠約瑟的地方。左側的無辜洞收納在耶穌誕生時，被大希律王殺害的伯利恆城中幼兒骨骸。往右走穿過一個低矮的門洞，就是聖傑洛米的陵墓，旁邊是他的工作室。

西元 384 年，聖傑洛米來到此處，就在這個幽暗的地方，度過 30 年的歲月，現在這個地方成為一個祭壇，牆上有幅壁畫，紀念這位老學者，以及他的助手優西比烏 (Eusebius)，還有一直在經濟

上支持他的寶娜 (Baona) 母女。

　　介紹到此，今天的行程也即將結束了，給大家 10 分鐘時間自由參觀。然後我們在教堂外的中庭集合，前往本次行程中唯一一家購物中心，這是為了幫助伯利恆的經濟所設立，商品大部分和宗教有關，特色是有以橄欖木製成的各種雕刻品，參觀完之後，我們就要返回耶路撒冷準備吃晚飯了。

1 耶穌誕生地

2 馬槽祭壇

3 通往地下的樓梯

4 聖約瑟祭壇

5 無辜洞

6 聖傑洛米陵墓

7 聖傑洛米紀念碑

8 聖傑洛米工作室

↑ 聖凱薩琳修道院地下室示意圖

死海・地中海

✈ Day8-9　耶路撒冷→提比利亞

Chapter
22

死不投降！
馬薩達

✈ Day 8
耶路撒冷→轉拉維夫

　　各位早安！今天我們要離開耶路撒冷，前往其他城市。在上車之前，溫馨提醒大家做好防晒措施，因為第一站要去的地方，比較空曠、日晒比較強烈一點。

　　今天首先要去的地方叫馬薩達，距離耶路撒冷 103 公里，沿著死海邊的公路向南走，大約 1 個半小時就到。在到達之前，先跟大家介紹一個人，就是之前在主誕教堂中提到的大希律王。其實在以色列的歷史上有幾個希律王，為了區別現在我們說的希律王（就是想殺害嬰兒時期耶穌的這位），所以要準確地稱為大希律王，在史書上也叫希律大帝一世、黑落德王等。他不是猶太人，而是佩特拉那邊的以東人。因為他迎娶了猶太馬加比王朝 (Hasmonean Dynasty) 皇室後人，以及他的父親曾經救了凱撒大帝 (Gaius Julius Caesar, 100B.C.～44B.C.) 一命，因此被羅馬帝國委任猶太行省耶路撒冷王。

　　如果排除《聖經》中對他的偏見，其實大希律王是個非常有作為的國王，他在位的時候開展許多偉大的建設，包括第二聖殿、凱撒利亞港等等。但大希律王的被害妄想症非常嚴重，永遠有一隻腳是準備跑路的。還記得他的宮殿就緊靠著聖殿嗎？不但他的宮殿旁

→ 馬薩達周遭地勢
　 模型

有三大堡壘，聖殿北側也有一個巨型的安東尼堡，這些設施都是預防以色列人造反時，可以有緊急躲避的地方。不但如此，大希律王還在耶路撒冷附近，建造 7 個超級堡壘！馬薩達就是其中之一。

馬薩達這個超級要塞，位於死海西側，四周是懸崖峭壁，顯得孤峰獨處。由於它處於曠野當中，四周寸草不生，沒有水源（死海的水無法飲用），使得想要攻擊它的敵人，都必須面臨巨大的後勤壓力。它的東側懸崖高約 450 公尺、西側懸崖也有約 100 公尺高，山頂卻有一片東西寬約 300 公尺、南北長約 600 公尺的平坦空地，能夠設立許多建築，讓守衛的一方長時間固守，總之這是一個與世隔絕的山頂堡壘。羅馬數萬大軍曾經數年圍攻這個要塞，硬是拿要塞中的 960 人沒有辦法，可見超級要塞並非浪得虛名。

也許大家會問：既然這裡沒有水源，那生活在上面的人要怎麼辦？這就問到核心問題了。古代的工程人員，利用難得的下雨機會，非常有效率地收集水源，然後儲存在大大小小的貯水池中。根據學者的估計，馬薩達的水庫總共可以容納超過 150 萬立方公尺的水量，比耶路撒冷聖殿區的供水量還多！各位要知道，聖殿區的水是用來供應數以千計的朝聖者；而馬薩達的水卻只為大希律王一人，這裡的水不但供應浴室，讓大希律王在沙漠中洗澡，甚至還有游泳池和灌溉設施，來維持一個空中花園的景觀，真是超級奢靡！

詳細的水利工程是：工程人員利用馬薩達西邊底下的兩個乾河谷，來建築水庫，收集每年氾濫的洪水，然後經由露天的河床，將

水庫的水引到 12 個鑿在峭壁上的貯水池，再利用吊桶和牲畜將水運到山頂。

好了！我們已經到達馬薩達的纜車站了。門口的雕像是猶太歷史學者弗拉維奧‧約瑟夫斯 (Titus Flavius Josephus, 37～100)，正是由於他的記錄，我們才知道這裡曾經發生過一場驚天地泣鬼神的戰役，這個我們待會兒到現場說。進入旅客中心後，一個巨大的馬薩達模型在正中央，我們先把目光集中在一個狀似船首的地方，這裡是馬薩達的北部。由於馬薩達處於荒漠窪地之中，氣候非常悶熱，僅有狹窄的北方迎風面，比較適合人們居住，因此大希律王在北部建造富麗堂皇的北宮，作為他的休憩處及隱居所。

北宮建於階梯似的峭壁上，為立體垂直的建築。從最底部的宮殿說起，是一個有柱廊，而且種植許多奇花異草的方形涼臺，因為有懸崖遮蔭，加上北風徐徐吹拂，使這裡成為馬薩達最佳的避暑地。大希律王在這個位置，建造袖珍型的羅馬浴室，其中包括一間溫水浴室，一間蒸氣室及一個浴池，都是為了放鬆心靈而設計。

中央的圓形建築物，建在崎嶇不平的岩石上，設有兩道同心圓牆，這兩道牆，其實是支撐屋頂石柱的根基。這座裝飾華麗的建築物，和底殿一樣，只供大希律王消遣及娛樂之用。有趣的是，此處有個設有欄杆的樓梯，它連接了上中下 3 層宮殿，但從外面無法看到，這是因為大希律王生性多疑，所以盡可能地隱匿行蹤。

↑ 馬薩達北宮模型

↑ 馬薩大達北宮遺址

　　最上面是北宮主殿，也是大希律王的休憩所，正如底下的建築物，它的根基是沿著峭壁建造的兩道同心圓牆。北邊是一個半圓形走廊，從這兒可以俯瞰優美的死海海岸。由這 3 座建築物可以發現北宮的工程雖然艱鉅，但部屬們仍不遺餘力地去滿足大希律王的奢華享受。

　　接下來，在我們搭乘纜車前，先去看一部短片，介紹約瑟夫斯記錄的一段故事：那是在西元 66 年 5 月，猶太人和敘利亞人在凱撒利亞地區，爆發利益衝突，但羅馬當權者明顯偏袒敘利亞人，加上耶路撒冷的羅馬官員弗羅臘斯 (Florus)，趁機洗劫了聖殿內的財寶，終於引爆了全面性的戰爭。西元 66 年的第一次耶路撒冷保衛戰，因為羅馬皇帝尼祿 (Nero, 37～68) 死亡而告終。第二次耶路撒冷保衛戰，發生在西元 70 年。羅馬提多 (Titus) 將軍攻破耶路撒冷

之後，在馬薩達進行最後一點餘燼之戰。

在第一次耶路撒冷保衛戰時，以色列的戰士們就佔據了這裡。耶路撒冷陷落後，猶太地區尚有 3 座要塞仍是自由的，那就是黑落德堡（Herodium，又稱希律堡，位於耶路撒冷南方 13 公里）、瑪革落（今天約旦境內）和現在介紹的馬薩達。

西元 72 年，羅馬將軍西爾瓦 (Lucius Flavius Silva, 43～?) 率領著羅馬第十軍團，來到馬薩達要塞之下。1 萬羅馬虎賁，對上 960 名決死之士，這場不平衡的較量，因為馬薩達守軍的創意而顯得精采萬分！大家都知道，羅馬士兵不但訓練嚴謹、裝備精良，而且更重要的是羅馬的後勤力量綿密，能製作各種器具，大幅增加攻擊力道，尤其投石器更是所有石製城牆的剋星！可是由於馬薩達地形的限制，使得羅馬武力無從發揮，騎兵不能奔馳，步兵無法攀登，弓箭射不到、投石器也打不了這麼高，硬攻只有徒增傷亡，於是羅馬人在馬薩達周圍設下了 8 座營寨，並且以 11 公里長、1.8 公尺高的圍牆串聯起來，想要把馬薩達的守軍困死。幸虧之前大希律王奢侈

羅馬營寨遺跡

的設備，擁有充沛的儲藏物資，使得守衛馬薩達的戰士們在聖城陷落後，又在此維持了兩年多的時間。

直到最後，羅馬人抓來許多猶太戰俘，在馬薩達西側的天然坡道上，加工建造一條長 600 公尺的砂石斜道，且拖來一個改造過的攻城臺，裡面裝備了許多彈弩、弓箭手及一根巨大的破城槌，利用此斜道，奮力將攻城臺推上去，向馬薩達展開最後的突擊。雖然馬薩達最終還是陷落，但守軍卻沒有戰敗，而是全體自殺來讓羅馬帝國失去勝利。

看完短片後，就準備去搭乘纜車了。在纜車上行途中，大家可以看到右側那個方形的痕跡，就是當年羅馬圍困馬薩達的營寨遺跡。下了纜車之後，需要再步行一小段路，就到了馬薩達的東門。我們先向北走，路上會經過許多的建築遺址，這裡是一列列長方形的貯藏室，考古隊在這裡發現有酒、油、麵粉、棗子、堅果、橄欖、鹽及乾果等，還有錫及其他多種金屬，分門別類集中在某一間

← 倉庫遺跡

倉庫，證明馬薩達的防衛者，有不需外援就能抵禦長期圍攻的準備，而這正是大希律王建造這些倉庫的構想。

之後我們來到北宮第一層的盡頭，待會兒自由活動的時候，有興趣的朋友再自行下去參觀。值得一提的是：考古隊就是在通往底部浴池的階梯上，發現了一男一女及一個小孩的遺骸。在他們旁邊的碎石瓦堆裡，還發現箭頭、甲冑及乾扁的水果。更令人

↑ 馬薩達希律王浴室

驚奇的是，那個女人的涼鞋仍完好如初，且她的辮子依舊紮得好好的。這些遺骸及遺物，很可能是屬於馬薩達的最後防衛者。這些烈士遺物，目前保留在耶路撒冷國家博物館中。

接下來，到大希律王的三溫暖室去看看。大希律王過慣了羅馬的生活方式，於是在毗鄰北宮處，建築一系列奢華的浴室，包括一間更衣室、一間冷水浴室、一間溫水浴室及蒸氣室。

這個蒸氣室雖然面積不大，卻非常精巧！它利用裝置於牆外的火爐加熱水源後，將滾燙的熱水引入蒸氣室的地下空間。這個空間有 200 多個基柱，支撐著蒸氣室的地板。蒸氣室內的牆壁是夾層式的，其中有數百條蒸氣管路，可以導入蒸氣。現在大家還可以看到牆壁中露出的蒸氣管路，以及地板下的基柱。由此可以想像大量蒸氣從地板和牆壁中冒出的情景，可見得咱們的大希律王在曠野中的生活有多享受啊！不過大家有沒有想過，燒蒸氣的燃料怎麼來？要

多少燃料才能產生這麼多的蒸氣？全都要從幾十公里，甚至百里之外的城市運來，再搬到幾百公尺高的馬薩達頂上，供他享樂。

最後來到一個大房間的遺址，這裡有一層層階梯座位，請大家找個地方坐下來。1900 多年前，有 900 多名武士，跟各位坐在相同的地方。那一天，羅馬軍終於攻破了西門石牆，但沒想到石牆之後，守軍還建有木格網狀的土木工程，石砲打擊上去，不但沒有摧毀，反而把它弄得更結實了。想必羅馬指揮官一定氣瘋了，用龐大人力建的土坡，加上所向披靡的石砲，這一次居然無功而返，於是指揮官命令士兵用龜甲陣強攻，犧牲許多士兵的生命之後，放火燒了土木工程，馬薩達的防禦正式瓦解！當羅馬士兵準備衝進城中發洩滿腔憤怒時，這時退兵的信號響起了，原來是指揮官西爾瓦將軍覺得天色已暗，決定第二天天亮時一鼓作氣攻入要塞。

當天夜裡所有的猶太武士，都集合到現在這個地方，主將以利亞撒 (Elazar Ben Yair, ?～73) 說了一段話：「面臨抉擇時候已來到。所有的人，面對註定要死的命運，現在的問題是，我們是勇士還是

馬薩達武士最後聚集地

懦夫？大家投降後能忍受作為奴隸的羞辱嗎？此時此刻，當自由還在我們手裡，刀劍也在我們手裡，讓我們做個決定，用刀劍來維護我們的自由，讓我們死為自由人，光榮地死在妻兒身旁，讓我們做個決定，使清譽永恆地屬於我們，明天，敵人只能得到我們的殉國者軀體，而得不到他們的勝利！」

這次會議之後，每個人都決定殉國，於是軍人先回家殺自己的妻兒，也有人說是甲去殺乙的家人，乙去殺甲的家人之後再集合，然後 10 人為 1 組，抽出 1 人殺另外的 9 個人，再重複進行，最後 1 人自殺，就這樣 960 人均壯烈犧牲，死在同伴與親人之手，而不死在敵人刀劍下。

此段故事就是由前述的約瑟夫斯所記載，他也說：在馬薩達被攻入後，有 2 個婦人與 5 個小孩自儲水池中走出，哭述前一天晚上的慘烈故事，猶太人寧死不降的精神事蹟自此流傳。傳說故事中，以利亞撒在臨終前向天祝禱：「我們是最先起來反抗羅馬的，

→ 馬薩達儲水池

也是堅持到最後的人們。感謝上帝給我們這個機會，在這個時刻我們是自由的，自由地選擇與心愛的人一起死亡，讓我們的妻子沒有受到蹂躪而死，我們的孩子沒有受到奴役而死，我們為了自由而死……，沒有作為奴隸而生。只可惜我們沒有打敗敵人。」

西元 66～73 年，猶太人在這寸草不生的荒漠之中堅守了 7 年，馬薩達陷落後，羅馬軍團再度駐防其上，但不久即因水土不服而捨棄它。5 世紀時，拜占庭的修行者曾一度在馬薩達生活，他們是最後居住馬薩達的一批人。直到 1800 年後，以色列復國，馬薩達這久經遺忘之地，才又重新走入人們的記憶，在人類為爭自由而不屈不撓的奮鬥史上，加添了珍貴的一頁。

受到這個壯烈故事的影響，馬薩達的精神一直延續到今天。大家都知道，以色列由於被阿拉伯世界所包圍，且本身兵源並不充沛，因此以色列的男女是全體服兵役，在新兵結訓前的最後一個課目，就是徒步登上馬薩達山頂，重訴這個故事，並且誓言：絕不讓馬薩達再度陷落！

故事說到這裡，大家自由活動半小時，之後我們在纜車站集合，一起下山。

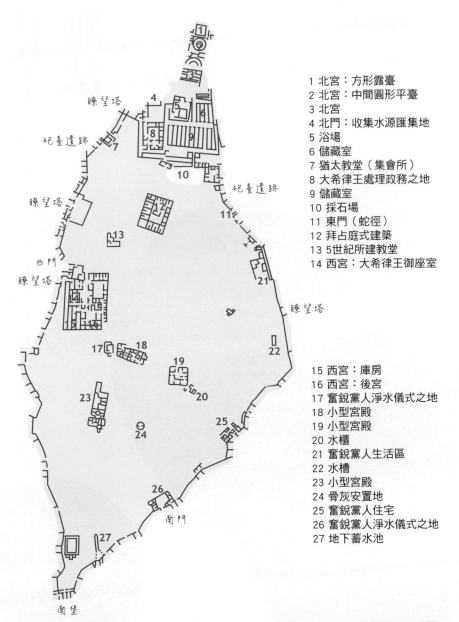

1 北宮：方形露臺
2 北宮：中間圓形平臺
3 北宮
4 北門：收集水源匯集地
5 浴場
6 儲藏室
7 猶太教堂（集會所）
8 大希律王處理政務之地
9 儲藏室
10 採石場
11 東門（蛇徑）
12 拜占庭式建築
13 5世紀所建教堂
14 西宮：大希律王御座室

15 西宮：庫房
16 西宮：後宮
17 奮銳黨人淨水儀式之地
18 小型宮殿
19 小型宮殿
20 水櫃
21 奮銳黨人生活區
22 水槽
23 小型宮殿
24 骨灰安置地
25 奮銳黨人住宅
26 奮銳黨人淨水儀式之地
27 地下蓄水池

↑ 馬薩達示意圖

Chapter
23

古代版皮諾丘

雅法

Day 8

耶路撒冷→特拉維夫

→ 鐵製鯨魚，雅法著名的標誌

　　接下來，我們將驅車往西北方向 150 多公里，前往今晚住宿的特拉維夫 (Tel Aviv)，時間接近 2 小時。在到特拉維夫之前，我們會在雅法 (Jaffa) 停留，參觀一下地中海風情。雅法和特拉維夫距離很近，就像臺灣高雄和左營的相對位置。在這段車程中，我要介紹一個各位比較少知道的人物：約拿 (Jonah)。

　　約拿是《舊約聖經》中的人物，比耶穌早出生約 780 年左右，他的家鄉跟耶穌的老家　　拿撒勒距離非常近，肉眼就可以看到彼此的建築物。約拿是耶穌崇敬的對象之一，耶穌說：「約拿三天三夜在大魚肚腹中，人子也要這樣三天三夜在地裏頭。」〈馬太福音 12:40〉這段話現在被認為是耶穌死後 3 天復活的預言。但這跟我們要去的雅法有什麼關係？

　　雅法市內有一個非常可愛的大鯨魚雕塑，背後的故事就是古代版的《木偶奇遇記》，一個先知被大鯨魚吞下肚後 3 天，又把他吐上岸的故事。故事的大要是：有一天上帝要約拿去距離 800 公里的亞述帝國首都尼尼微 (Nineveh)，宣達祂的旨意，約拿不願意奉詔，跑到雅法這裡，登上一艘船想逃到西班牙。在中途船隻遇到狂風暴

↑ 約拿雕像，巴西仁慈耶穌殿

浪，船員得知是約拿的緣故後，把他丟下船去祭神。約拿被一隻大魚吞下肚中，3天之後又將他吐上岸，他這才遵旨前往尼尼微，順利達成上帝交付的任務。

約拿既然是上帝的使者，怎麼敢違抗上帝的旨意？我們先看一段《聖經》故事：約拿向當時的北國以色列第十三任國王耶羅波安二世(Jeroboam II, 793 B.C.～753 B.C.)，宣達上帝祝福的旨意〈列王紀下 14:25〉。可是在書中形容，耶羅波安二世不是個好東西，他深深地得罪上帝，引起上帝憤怒！〈列王紀上 14:8-9〉

各位是否覺得這二則記錄相互矛盾？其實這也是約拿感到不解和不悅的地方。既然耶羅波安二世背棄了上帝，應該要嚴懲他，怎麼還要祝福他，使他國家強盛？原來是仁慈的上帝再給以色列國機會。但約拿卻為上帝抱不平！覺得上帝是個「爛好人」，所以就不願承擔下個前往尼尼微的任務，因為亞述王也是個頭頂生瘡、腳底流膿，壞透了的傢伙！

所以看到〈約拿書〉4:2 的時候，

才懂得約拿為什麼這樣跟上帝說：「我在本國的時候，豈不是這樣說麼？我知道你是有恩典……所以我急速逃往他施（西班牙）去。」也是在第四章的最後一段話，上帝揭露了最後答案，祂說：「何況這尼尼微大城，其中不能分辨左手右手的有十二多萬人（指孩童），並有許多牲畜；我豈能不愛惜呢？」綜合以上介紹可以知道《聖經‧約拿書》中要表達的，除了一般人以為的上帝的旨意不能違背外，更是要說上帝有多「愛」人類，連壞人都願意多給機會。

雅法這個城市因為上述的故事，而變得趣味盎然。又因它是個臨近地中海的老城，雖然房屋普遍低矮，但極具風韻。相對於有 4000 年歷史的雅法，特拉維夫則是個嶄新的城市。說來也有趣，特拉維夫的建城，原本是雅法居民為了逃避高房價而移居此地，但現在的特拉維夫的高房價，也是赫赫有名了，雅法的房價反而便宜不少。

當然特拉維夫的建築也獨樹一格，城市中有 2000 多座注重造型與實用機能的建築，這些建築不約而同都以白色為主色，使得特

特拉維夫

拉維夫「白城」名號不脛而走,而且搭配上花園城市的規劃,造就了許多林蔭大道。

晚餐過後,我將帶各位去海灘上走走,特拉維夫和雅法連綿14公里長的海灘,到了夜晚華燈初上之後,許多攤位擺起來,又是一個別具特色的地方。

雅法港

二千年前造鎮計畫

凱撒利亞

Day 9
特拉維夫↓提比利亞

　　大家早安！昨晚在地中海風的輕拂下，睡得好嗎？今天我們即將告別白城特拉維夫，前往加利利海旁的提比利亞 (Tiberias)。途中會經過凱撒利亞和海法 (Haifa) 兩座城市，都會下車參觀。凱撒利亞距離特拉維夫僅 40 多公里，不到 1 小時就到，即將開車囉，大家坐好。

　　凱撒利亞在耶穌的時代，是個巨大港口城市，可與亞歷山大港、迦太基港相比肩！西元前 22 年，由大希律王設計興建，他將原本迦太基王國的海軍基地重新設計規劃，使這座新城充滿濃厚的羅馬氣息。經過 12 年緊鑼密鼓的建設，一座全新的城市完工。大希律王將它獻給羅馬帝國第一任皇帝屋大維，並以其養父凱撒之名命名為凱撒利亞，當時港口的大燈塔則用屋大維女婿之名命名，可見這個城市是個拍馬屁城市！雖然大希律王沒享受多久就去世了，

凱撒利亞

但為這裡帶來的經濟利益，卻比當初想像的還要巨大，使得羅馬帝國佔據此地後，把凱撒利亞設為管轄巴勒斯坦地區的首府，時間超過 500 年。

　　由於凱撒利亞的繁榮，許多重要歷史情節都發生在此。基督宗教重要的傳播者：聖保羅 (Saint Paul, 5～67)，4 度來到這裡，還在這裡被囚禁了 2 年。西元 66 年也是在這裡，猶太人在此展開與羅馬帝國的全面衝突，導致亡國流浪。十字軍東征時期，這裡經歷數次慘烈的戰爭，成為一片廢墟，壯麗的建築材料逐漸移作他用，最後終於被海風帶來的沙土所掩蓋，從人們眼前消失。直到 1940 年才再度被挖掘出來，重現於世人眼前。

　　這座城市最主要的建築，就是可以列入「人類建築奇蹟」的塞巴斯托斯港 (Sebastos Harbor)。2 萬 4000 平方公尺的混凝土和石塊，構成面積達到 20 公頃的巨大港灣，可以停泊數百艘遠洋大船。特別的是在混凝土中所使用的波佐拉納 (Pozzolana) 火山灰，是特地從義大利進口，重量較輕，剛凝固時還能夠浮在水面上，非常適合在海上作業。工程師為了適應海上施工，獨創一種工法。這種工法很複雜，簡單地說就是先製造巨大的雙層木箱，拖到海面上，灌入比較細緻的波佐拉納火山灰製成的混凝土，在夾層中先形成消波塊的外殼。將其沉入水中，再將粗糙的混凝土和石塊灌入殼中，所以潛水夫扮演了極重要的角色。一定有人會問：2000 年前有潛水夫？這點你別擔心，其實在更早的美索不達米亞文明時期，亞述人就用羊皮做成氧氣袋，蛙人早就存在了。

　　接下來，我們將進入凱撒利亞國家公園，參觀大希律王的偉大遺跡。

引水橋遺跡

引水橋

　　我們由北方進入國家遺跡公園，首先會看到羅馬引水橋遺跡，在地中海風的吹拂下，仍然千年不倒！要不是人為破壞，也許這時候還能展現全貌。引水橋是羅馬建築的特色之一，利用高低差的地心引力，將水源源不絕地灌注到城市，在歐洲許多地方，都能看到它的蹤跡。凱撒利亞的引水橋從迦密山 (Mount Carmel) 將水運來，供應 5 萬多人使用，是極為重要的城市建設。事實上，凱撒利亞的地下溝渠也很密集，把生活廢水排入大海，這一進一出滿足了城市的衛生需求。引水橋遺跡和接下來的景點，只有一點點距離，所以大家拍拍照之後，搭車約 3、5 分鐘就到囉。

↑ 海角宮遺跡

海角宮

　　接下來的景點很集中，首先參觀的是海角宮，又稱為普羅蒙特利宮 (Promontory Palace)，這是大希律王所建造的超級夢幻宮殿。座落於一個三面環海的海蝕臺上，原本高約數公尺，現在幾乎等同海平面了。這座宮殿總面積達 1.6 公頃，分為上宮和下宮兩個區塊，都是兩層建築，並各有一個廣大的中庭。上宮的中庭規劃成花園（開什麼玩笑！在鹹鹹海風吹拂下，維持一個花園有多難啊），是處理公務的地方；下宮是大希律王的私人住宅，中庭有可以調節溫度的水。海角宮最令人驚奇的地方，是在上宮處有個通道，通往一個大型游泳池，這個游泳池的水，由引自 10 幾公里遠的山泉水所灌注。各位想像一下，一座和大海景色相連的標準游泳池，在 2000 年前是多前衛的構想，真虧他想得出來！

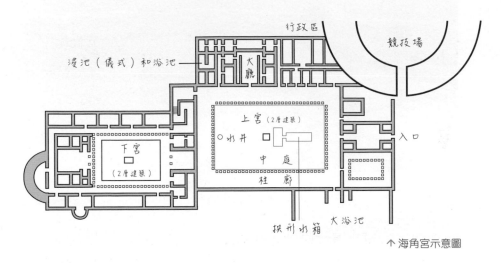

↑ 海角宮示意圖

希律橢圓形競技場

　　橢圓形競技場遺跡和海角宮緊緊相連。雖然經過 2000 年的歲月流逝，這座大型的橢圓形競技場，還是可以看到當年的雄姿！這也是羅馬時期，凱撒利亞最大的公共設施。長 250 公尺的競技場，可以容納上萬人觀看角鬥士彼此廝殺，或是馬車競速。由於馬車在

→ 公共浴場

急速轉彎時，很容易撞壁，所以轉彎處的座位區最為搶手。特別的是，競技場附設一個公共浴場，有錢的貴族欣賞完表演，再泡個澡討論一下剛才的節目，是多麼享受啊！

羅馬劇場

古代羅馬社會重視公共設施，進行許多社交活動、政令宣導，羅馬劇場就是其中之一。凱撒利亞劇場屬於較早期的型態，呈現半

← 希律橢圓形競技場

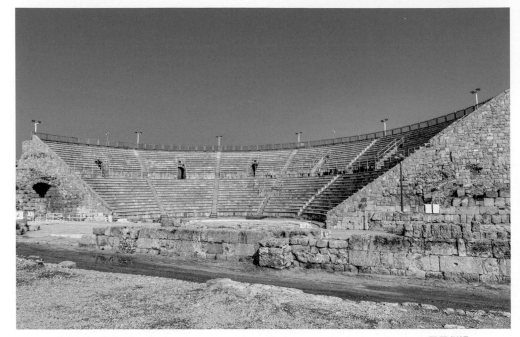

↑ 羅馬劇場

圓形，而非我們熟知的圓形。這個劇場可以容納 3500 人左右，傳
聲音響效果極佳，至今仍在使用，可見得當年工藝水準之高。近代
在挖掘整理這個劇場時，發現一塊石碑，上面寫著：彼拉多的座位。
彼拉多這個名字耳熟嗎？就是審判耶穌的那位羅馬總督。這塊石碑
的發現，證明了彼拉多確有其人，不是《聖經》胡謅的。大家現在
看到的石碑是複製品，真品在耶路撒冷博物館內。

↑ 凱撒利亞的歷史遺跡

↑ 十字軍城牆

十字軍城牆

　　最後我們來到十字軍城牆，1251 年由法國路易九世所建造。提到路易九世忍不住說句題外話，這位老兄曾經花費很大很大量金錢，收集到大部分「真十字架」、耶穌頭上的「荊冠」、「命運之矛」（刺穿耶穌身體的矛頭），以及耶穌臨終前，羅馬士兵用海綿沾膽，送到嘴邊的「聖海綿」，可以說是歐洲收集最多「聖物」的君王。

　　言歸正傳，相信大家一看就能輕易發現這面城牆的傾斜角度很大，不同於中國古代城牆是垂直的。垂直的城牆有個缺點，就是不容易攻擊到貼近牆底的敵人，而傾斜的牆面可以把敵人推到容易攻擊的範圍，這是多少流血戰爭後的經驗啊。進入堡內可以發現，天花板上有許多交叉的橫向拱頂，都是加強防禦的結構。

　　說到這裡，先暫時告一段落，大家可以自由活動 30 分鐘，咱們車上見。

Chapter
25

海法 以利亞大鬥法之地

Day 9 特拉維夫→提比利亞

　　我們告別大希律王的造鎮計劃後，接下來將沿著地中海，來到以色列的第三大城：海法。凱撒利亞距離這裡僅有 43 公里，車程不到一小時。抵達之後將在山上享用午餐，特別推薦這裡的魚排和雞排。看著美麗的地中海、忙碌的海法港，品嚐美食，確實是一大享受。

　　說話間，已經到了海法。車子朝向著名的迦密山直線前進時，你很難不注意到一座壯麗的大花園 —— 巴哈伊花園 (Baha'i Gardens)，這座花園待會兒再介紹，先來介紹迦密山，也就是我們的用餐地點。這座丘陵在《聖經》中非常有名，有「上帝葡萄園」的雅稱。其實海法很早就有人類的活動痕跡，舊石器時代的尼安德塔人 (Neanderthals) 就在此生活。在這座山頂上，還曾經發生過一場大鬥法！

　　這場大鬥法發生在 2800 年前，巴力 (Baal) ❶和耶和華的信仰之爭，參與人數是 450 對 1。這個 1 人是先知以利亞 (Elijah)；那450 人是巴力神的祭司，雙方在比賽誰的神更具有威力！那時以色

海法港

↑ 先知以利亞，攝於宗教博物館

列已經分裂成南北兩國，北國受到腓尼基的影響，舉國上下遠離了耶和華，轉向崇拜巴力神。這個神祇的膜拜方式，以今天的角度來看，的確非常邪氣，例如犧牲嬰兒、公開行房，耶穌對這種敬拜形式也深表厭惡。但在北國王室的大力支持下，巴力信仰到了瘋狂的地步。

以利亞為了維護耶和華的信仰，挑戰巴力的祭司。雙方同意以巴力最得意的「火」進行決鬥。競賽開始時，雙方各自建造祭壇，上面堆積了大量的柴火和供品，首先由巴力的祭司們，先行儀式，他們又吼又叫，祈求巴力降下天火來燃燒祭壇，但是從早上一直到了中午，供品還是分毫未動。以利亞表示：「他……或行路，或睡覺，你們當叫醒他。」〈列王紀上 18:27〉於是下午巴力祭司更加賣力地吼叫，甚至以自己的鮮血來祈禱，可是祭壇還是沒有任何動靜。

到了太陽快下山時，以利亞這才出馬（你們搞了一整天，該輪到我了吧？）以利亞只禱告了一句，天火就從天而降，把耶和華祭壇上的供品，燒得乾淨俐落！顯而易見，這場大鬥法由以利亞全勝作結，450 名巴力祭司遭到處死。雖然北國並未因這場鬥法而改變

❶ 在猶太人的傳說中：所羅門王所封印的 72 魔王，「巴力」名列第一。

信仰，但以利亞之名卻永垂不朽。我們即將在當時的地方，一邊享用美食，一邊在上帝葡萄園中，遙想先知的風采！

　　用過午餐後，步行到巴哈伊花園門前，經過簡單的安檢，就置身於美麗的植物園中。其實巴哈伊 (Baha'i) 是個宗教的名字，之前我們叫做大同教，現在正名叫做巴哈伊，是伊斯蘭教什葉派中的一個分支，但有著完全不同的風貌。這個新興宗教起源於巴孛 (Báb, 1819～1850) 的思想，在 1864 年時由巴哈歐拉 (Bahá'u'lláh, 1817～1872) 正式成立。兩者的關係，有些像老子思想和道教的創立。

　　這個宗教承認世上所有宗教，認為各個宗教所表達的，只是上

帝旨意的一部分，以人的智慧，不可能全盤了解上帝的意思，所以不該以偏概全，應該尊重所有文化。巴哈伊強調所有人類的團結，共同努力於和諧！聽起來是不是很好？所以這個宗教雖然僅創立150多年，卻發展得極為廣泛，全世界各大洲都有他們的據點。

巴哈伊花園位於迦密山的北側山坡上，總共有18層，種植了450多種花卉和樹木，由一條1.6公里的階梯所貫穿，正中央金色屋頂是巴孛的陵墓。除此之外，花園內還有世界正義院、傳道中心等建築，算是巴哈伊的總教所在。這座壯麗的總教花園在1987年設計，2001年完工，總費用達到2.5億美金，全部由信徒捐獻而成。

提到巴孛這個人，可以用天縱英才來形容！他雖然是商人出身，但寫過50萬節文稿，來宣傳自己的理念（相較之下《古蘭經》只有6300節），可惜如今大部分都已遺失。當時環境保守，巴孛因此受到嚴重的迫害，在1850年7月9日遭到槍決。

提到那場槍決，至今還有個不解之謎，就是巴孛第一次被十餘名槍手開槍射擊後，居然憑空消失！在刑場的另一邊找到巴孛時，他還毫髮未傷，而且活動自如；把他抓回來後，換了一批槍手執行，才終於結束了他的生命。當時現場有數千人，包括一些西方的外交官，共同見證到這項奇蹟。

可惜我們這些觀光客，只能自由參觀花園的前三層，無緣前往巴孛的陵墓，所以大家只能以海法港和花園為背景，留下美麗的照片紀念。

離開海法之後，我們將驅車63公里，前往這次行程的第二個住宿地提比利亞。這裡是著名的觀光城市，參觀以色列北部景點的遊客，大多會選擇在這裡住上幾天。從提比利亞前往未來幾天要去的地方，車程皆1小時左右，非常方便。今天大家走了100多公里

的路，也參觀了許多地方，所以用完餐後好好休息。精力旺盛的朋友，晚上不妨逛逛這個千年古城，選購一些紀念品，像是死海泥製成的各種皮膚保養品，非常受歡迎。晚安，明天再出發吧！

↑ 巴哈伊花園與海法港

Galilee

加利利地區

✈ Day9-10　特拉維夫→安曼

迦拿

Chapter
26

迦拿 | 酒喝不夠喝水啦

迦拿

Day 9
拜拉維夫 → 提比利亞

→ 迦拿婚禮教堂

　　大家早安！用過早餐以後，我們將去今天的第一個景點：迦拿 (Cana)，到耶穌第一次顯現神蹟的地方：迦拿的婚禮現場。如果大家有去過法國羅浮宮的話，一定會對一幅超大型畫作《迦拿的婚禮》印象深刻，就在維納斯雕像的對面。沒錯！現在我們就是要去畫中的地方，不過我要先跟大家打個預防針，當地可沒有畫上所描繪的那麼豪華喔。

　　自提比利亞車行 21 公里就到了迦拿的停車場，距離我們的目的地，還有一段坡路要走，這條坡道比較狹窄，有許多汽車來往，要注意安全。在這一小段路中，我來介紹《迦拿的婚禮》畫作背景，這個故事僅見於〈約翰福音〉中。內容是說：有一天聖母馬利亞帶著耶穌，前來參加親戚的結婚喜宴，沒想到宴會進行中，主人發現準備的酒不夠喝了，身為親屬的聖母馬利亞透露給耶穌知道後，你知道耶穌怎麼說？他說：「母親！我與你有什麼相干？我的時候還沒有到。」〈約翰福音 2:4〉這句話讓後世的經學家緊張萬分，耶穌怎麼這樣跟自己的母親說話？於是拼命引經據典為耶穌解釋，在此也

迦拿婚禮教堂大廳

↑ 迦拿的婚禮

不引用，反正是神的語言，不懂
也是應該的。最後耶穌還是將 6
缸客人洗手用餐的水變成酒，解
決了當下的窘狀。

　　這一段故事天主教認為極為
重要！因為聖母馬利亞可以影響
耶穌（天主）的決定，所以在向
天主禱告時，最後一句都會這麼
說：「聖母馬利亞請代為轉求」，
也因為這樣，馬利亞得到了僅次
於天主的地位。

↑ 耶穌初顯神蹟的水缸

　　經過近 2000 年的時光流逝，真正的婚宴場地已經不可考了，
但據說當年的水缸還保留著。迦拿地區有兩個教堂，都號稱是當年
的會場，但其中一個教堂所展示的水缸太小了，不符合書中「可以
盛兩三桶水」的記錄，所以大部分的人都到我們現在所在的地方參
觀，而且許多虔誠的信徒，認為在此地舉辦結婚典禮，是莫大的榮
耀！甚至有些沒有結婚對象的男女，也紛紛到此許願，希望能早締
良緣，簡直把這兒當月老廟了。從大廳旁一個不起眼的通道前往地
下室，可以看到教堂所珍藏的水缸，以及一些古代殘跡。

　　由於美酒的傳說，教堂附近賣酒的商店還真不少，有興趣的朋
友可以淺嚐一下。根據經驗：這裡賣的酒其實酒精濃度都很低，對
於海量的人而言，簡直跟喝水一樣。沒辦法，這本來就是根據「以
水變酒」的典故所製作的嘛！

前往迦拿婚禮教堂的路上

是我嗎？

拿撒勒

Day 9

特拉維夫↓提比利亞

　　接下來將車行 10 公里，前往耶穌的故鄉：拿撒勒，參觀聖母馬利亞的老家。在耶穌以前，人們認為拿撒勒地區能有什麼好東西？到了今天……，抱歉，出了一個耶穌就夠了！

　　拿撒勒因為 2000 年前神聖家庭（耶穌與父母）曾經長期居住於此而聞名，是個人口約 6 萬多人的觀光城市，主要是猶太人和阿拉伯人。我們到這裡的目的，就是參觀神聖家庭，主角是聖母馬利亞。根據《次經 · 聖雅格福音》記載：聖母馬利亞幼年在耶路撒冷長大，到她論及婚嫁的時候，聖殿的祭司們邀請達味家族（大衛王後裔）的未婚男士們，各自交出一根木杖，放在上帝的祭壇前。到了第三天，年老約瑟所交出的木杖，頂部居然開出一朵百合花！並且約瑟的身上停著一隻代表聖靈的鴿子。祭司們認為約瑟是經由上帝所指定的，於是馬利亞就搬到未婚夫的家鄉拿撒勒去，準備和約瑟舉行婚禮。

↑ 聖約瑟

　　準備出嫁時，天使加百列出現在馬利亞面前，對她說：「你在神面前已經蒙恩了。你要懷孕生子，可以給他起名叫耶穌。」〈路加福音 1:30–31〉❶。當約瑟知道馬利亞未婚有孕而心生疑慮，

---

❶ 天使報喜的地方有另一種說法，認為是聖母馬利亞到井邊打水時發生。這口「馬利亞之井」現今仍存。

↑ 拿撒勒報喜堂

於是天使又給約瑟托夢：「不要怕，只管娶過你的妻子馬利亞來；因她所懷的孕，是從聖靈來的。」〈馬太福音 1:20〉因此他們倆就順利完成了婚禮。現在我們即將要到的地方，就是天使加百列與聖母馬利亞對話的地方。

　　這座教堂又名上天主教堂，打從君士坦丁大帝時代，找到馬利亞老家遺跡開始，又是在咱們皇太后海倫娜的意見下，開始興建教堂，並在西元 470 年落成，這位太后姐姐真不知建了多少教堂。從那時到現在，教堂屢毀屢建，如今已經是第五代了。現在的教堂建於 1969 年，由義大利的設計師在之前的遺跡上所興築，成為中東

↑ 拿撒勒報喜堂外表

地區最大的教堂。從大門進入後，在旁邊的迴廊可以看到世界各國進獻的聖母馬利亞形象，每一個都具有他們國家的特色，例如中國的聖母馬利亞，就搞得好像送子觀音一樣，令人莞爾。

　　教堂正面的最上方是聖母馬利亞抱著小耶穌，下方是天使加百列和聖母馬利亞，再下來是一句《三鐘經》的拉丁文，意思是：「耶穌降生成人 (ANGEVS DOMINI NUNTIAVIT MARIAE)」。然後是四福音書的作者，及其象徵的動物。四福音書雖然都是介紹耶穌的生平，但著重的方面稍有不同，〈馬太福音〉寫給猶太人，主要是記錄耶穌的言論；〈馬可福音〉是寫給像你我這樣的外邦人，比較

偏重耶穌的行為；〈路加福音〉側重的雖然也是耶穌的言論，對象
也是外邦人，但因為類似於編年體，所以最容易閱讀；〈約翰福音〉

↓ 各國進獻的聖母馬利亞像

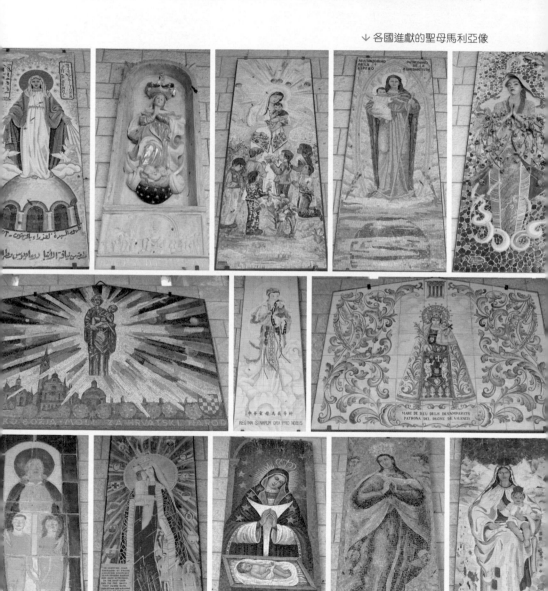

闡述的是耶穌的為人，要表達「上帝之子」的靈性，因此也被人認為最難理解。

　　四福音書的象徵動物之下，是一句拉丁文，取自〈約翰福音〉1:14：「道成了肉身，住在我們中間 (VERBUM CARO FACTVM EST ET HABITAVIT IN NOBIS)」，最後花岡岩的門框正中央是耶穌的凱樂符號。兩旁各有一個雕塑，是方濟會的耶路撒冷十字、雙手和地球的組合，意思是希望世界平安美善。另外，教堂上也懸掛著一面耶路撒冷十字的旗幟，迎風飄揚。

　　教堂正門是由 3 個銅雕的大門所組成，有許多故事在上面。中央是由耶穌重要事蹟所組成，一共有 6 組，應該由左向下，然後再

→ 拿撒勒報喜堂正門

↑ 聖母馬利亞的故居

由右向上來看，分別是伯利恆馬槽誕生、神聖家庭避禍埃及、約瑟
與耶穌勞作、耶穌約旦河受洗、加利利海耶穌講道以及耶穌上十字
架。左側大門的銅雕故事是《舊約聖經》，包含亞當夏娃偷吃禁果、
諾亞方舟、亞伯拉罕獻以撒。右側的銅雕是約拿與大魚的故事。

　　進入教堂馬上就能看到聖母馬利亞的故居，教堂是將遺跡整個
罩起來。待會兒也可以前去故居參觀，但在那裡不太方便介紹，所
以先在此講遺跡的重點。大家從右側階梯下去後，在石窟門口先注
意右手邊，有個小高檯上面有天使像，被認為是當年加百列天使，
拿著百合花所站的地方。故居內的祭壇是之前教堂的遺物，壇面上
的銘文和外牆上內容一樣，旁邊有個向上的階梯，被認為是通往馬
利亞的廚房。這些我們都只能在欄杆外面看。現在給大家時間自由
參觀，參觀完故居後，四周也有各國的馬利亞像可以欣賞。

　　接著請跟我上樓。一上樓大家就置身於一個挑高 55 公尺的大

↑ 拿撒勒報喜堂穹頂

廳中，先抬頭看一下穹頂，外形根源於百合花樣態，它的透光性很好，有世界之光的含義。可能大家會問：為什麼這裡有那麼多百合花？因為百合花的外表非常潔白純淨，象徵聖母馬利亞的個性，又因為花朵有六瓣，很像大衛王之星，所以百合花又稱為聖百合，是馬利亞的代表性花卉。

→ 中國所贈送的聖母馬利亞和小耶穌

← 聖約瑟教堂地下室

　　　　請看一下地板，是幅超大的馬賽克畫，主祭壇上的圖也是馬賽克畫。大廳四周被彩色玻璃，以及各國獻上的宗教藝術品裝飾得絢麗奪目。值得注意的是大廳右側展示櫃中，存放著中國所贈送的聖母馬利亞和小耶穌，各位看到這個雕刻品，會不會聯想到媽祖？怕人們看不懂，還在小耶穌的身上刻了「救世主」3 個字，真是十足中國風！

　　離開拿撒勒報喜堂之後，聖約瑟教堂就在旁邊。途中會經過一處 1 世紀時的民宅遺跡，再經過方濟會修道院就到教堂了。這裡被認為是約瑟的工作坊，耶穌成年後，就是在這裡跟著約瑟學習如何當一名木匠。聖約瑟教堂下方有古代浸池的遺跡，是當時人們在膜拜時，清潔身體所用，我們也能藉此一窺那時的排水系統。

　　其實這位約瑟先生在《聖經》中的記載非常稀少，幾乎沒有他的隻言片語，和聖母馬利亞的事蹟相比，簡直是天淵之別！也正是如此更顯得他的偉大，以一個老邁的身軀，支持著馬利亞母子的生活，知而不言、不居功，實在令人景仰！

聖約瑟教堂地下壁畫

耶穌變形
他泊山

Day 9
特拉維夫→提比利亞

↑ 加利利海遊船

　　各位選好午餐的位子之後，坐下來聽我報告一件事，就是待會兒吃麵包時，留下一點點麵包屑，因為下午參觀完他泊山 (Mount Tabor) 之後，我們要返回提比利亞，遊覽加利利海。水面上有超多的海鳥，可以用麵包屑吸引海鳥做高難度搶食動作，非常精采喔！

　　用過午餐之後，我們將從拿撒勒驅車 9 公里，前往他泊山，又名塔博爾山、變形山，是耶穌變形的地方，變什麼形？咱們到山上再說。先來介紹現在經過的這片地方，此地以前是兵家必爭的戰略要地，南來北往的交通線都匯集在此。例如，亞歷山大大帝和拿破崙 (Napoleon, 1769～1821) 等名人，都曾到過這裡。還有西元 66 年羅馬大軍入侵以色列時，著名的猶太歷史學家弗拉維奧‧約瑟夫斯也率軍在這建築堡壘，抵抗帝國軍隊。

　　對以色列而言，無論過去或是「未來」，這裡都是一個重要的決戰之地。什麼叫未來？那是指不遠處有個叫哈米吉多頓 (Armageddon) 的地方，在古代因為地理位置的重要性，有「佔領

他泊山

哈米吉多頓

那兒就等於佔領了 1000 個城市」之語，在〈啟示錄〉中，認為當世界末日來臨時，上帝將在那裡迎戰邪惡軍團，進行最終決戰。

　　而在過去的以色列歷史上，這裡也發生過數次重要的戰爭。其中最傳奇的，莫過於《聖經‧士師記》中記載的底波拉 (Deborah) 士師在他泊山的一場戰爭。那是距今大約 3100 多年前，以色列北方的迦南王以 900 輛戰車與士兵入侵以色列，以色列歷史上唯一的女士師底波拉，在他泊山召集了 1 萬名戰士，對抗迦南王的將軍西西拉。結果迦南人大敗，西西拉逃到一個帳篷內，被另一個女人雅億用固定帳篷的木樁殺死。靠兩位女士完勝的戰場，就是大家現在經過的這片土地。

　　說話間，我們到了他泊山的停車場，得換乘吉普車才能前往山上的主顯聖容教堂 (Church of the Transfiguration)，又稱變形教堂。他泊山高 500 多公尺，整

↑ 雅億馬賽克像

個形狀像一個蛋包飯，東西兩端尖尖、中間胖胖的。車行上山途中會經過中世紀風格的城堡大門，這是 1879 年修復的十字軍堡壘大門。到達山頂後，觸目所及大都是 12、13 世紀修道院的遺跡，如今成了一個花園。

再往前走所看到的就是主顯聖容教堂。這座山從西元 422 年開始，就有宗教性的建築，現在的教堂是 1924 年在歷代教堂遺址上所興建。入口大門上方鑲嵌著一大段文字，那是〈馬太福音〉第十七章，講述有一天，耶穌帶著 3 個門徒：彼得、雅各和約翰上了一座高山（注意！《聖經》上沒說是他泊山），就在他們面前變了形像，臉面明亮如日頭、衣裳潔白如光。忽然有摩西、以利亞顯現，同耶穌說話。彼得對耶穌說：「主阿！我們在這裏真好；你若願意，

↘ 主顯聖容教堂

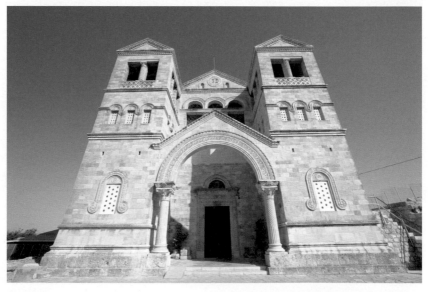

↑ 地下 1 樓主祭壇

我就在這裏搭三座棚，一座為你，一座為摩西，一座為以利亞。」
說話之間，忽然有一朵光明的雲彩來到他們頭頂；並有聲音從雲彩
裡傳來：「這是我的愛子，我所喜悅的，你們要聽他。」

　　進入大門之後，可以發現教堂內部非常明亮，不像之前去的萬
國教堂昏暗，因為這裡所要展現的就是耶穌的光明面！大門後面，
各位可以看到兩側的階梯向上，通往 2 樓，我們先走正面的階梯向
下，參觀主祭壇。細心的朋友可以發現主祭壇附近的建材並不統
一，但卻一點都不突兀，這正是古蹟和現代所作的完美協和。整個
小小的祭壇上方和兩側，都用極細緻的石子構成馬賽克畫，加上正
前方的彩色玻璃，顯得異常絢麗。你會發現主祭壇上的孔雀圖騰，
所佔的比例很大，彷彿是祭祀的主角，那是因為孔雀在傳說中，死

亡之後肉身不腐，所以象徵耶穌的身體現在依然存在。孔雀之上的銘文是彼得對耶穌說的那句話：「主阿！我們在這裡真好。」

　　祭壇兩側是 4 組天使像，左側表示的是「藉耶穌的身體（聖餐），成為上帝的子女」、「上帝愛我們把祂的獨子賜給我們」。右側天使表示的是「純潔無罪的羔羊（指耶穌）為人獻祭」，最後一個天使很特別，是站在棺材上，代表耶穌的「復活」。

　　然後請跟我上樓，參觀這座教堂最美麗的馬賽克畫「主顯聖容」。這幅作品的典故，剛才為大家介紹過了，各位猜猜看，耶穌兩側的人，哪一個是摩西？對了！鬍子比較長的那個是摩西！另一個就是在海法介紹過，和巴力祭司鬥法的以利亞。

　　暫時導覽到這裡，大家隨意參觀一下，他泊山居高臨下，風景真的不錯！周圍又有遺跡花園，如果你在花園之中發現有個半身像，那是第一個在聯合國發表演說的教宗：保羅六世 (Paul VI, 1897～1978) 於 1964 年到訪的紀念。至於山上有滑翔翼基地，就別去嘗試了，不然不知要去哪裡找你。大家待會兒見！

↑ 主祭壇左側的天使馬賽克畫

↑ 主顯聖容馬賽克畫

↑ 主祭壇右側的天使馬賽克畫

Chapter
29

老天開眼了

耶穌受洗處

✈ Day 10
提比利亞↓安曼

早安！相信昨天大家在加利利海都度過一個愉快的下午。坐著仿古的船隻遊湖，突然間，船家貼心地播放國旗歌，看著我們的國旗升上船桅，飄揚在異鄉，這種感動真令人永生難忘。

今天我們的活動範圍還在加利利海周邊，首先咱們先從提比利亞向南，前往 12 公里處的亞得尼 (Yardenit)。加利利海在那裡形成一條河流，南向注入死海，這條河就是聞名的約旦河，而亞得尼傳說是耶穌受洗的地方。之前我們介紹了很多耶穌的事蹟，現在我們換換口味，介紹一個新的人物 —— 施洗者約翰 (John the Baptist)。

施洗者約翰與耶穌之間，似乎存在著某種親戚關係，在〈路加福音〉第一章中，就有記載他們的母親各自懷孕時，見面對話的情景。提到懷孕，施洗者約翰的媽媽受孕也有一段故事。約翰的父親叫撒迦利亞 (Zechariah)，是一名祭司，年齡很大了還是膝下無子，有一天，加百列天使在撒迦利亞面前顯靈，預言他的妻子即將懷孕，未來會生個兒子（加百列怎麼到處跟人家講：你要生兒子了）。撒迦利亞因為老邁不敢相信，加百列就處罰他暫時成了一個啞巴。等到妻子生下約翰，取好名字之後，撒迦利亞才又突然恢復說話的能力。

↑ 加利利海遊船上

約翰被耶穌比喻為偉大的先知以利亞〈馬太

↑ 施洗者約翰，達文西畫作

↑ 馬利亞拜訪伊麗莎白

福音 17:11~13〉。他成年以後積極傳教，後來因為批評大希律王兒子——安提帕斯 (Herod Antipas, 20B.C.～39 A.D.) 的婚姻，而被捕入獄。但由於約翰的盛名，安提帕斯一時之間也不知該拿他怎麼辦。有一天安提帕斯希望女兒莎樂美 (Salome) 為他跳舞，並且向神發誓，可以賞賜她任何東西，以換取她的一支舞！莎樂美的母親因為約翰批評她懷恨在心，所以指使莎樂美結束約翰的性命。一曲舞罷，莎樂美堅持要約翰的頭。安提帕斯因為重誓在前，就這樣結束了約翰的生命❶。

約翰的稱號為什麼叫「施洗者」？因為他在被捕前，一直在約

❶ 施洗者約翰葬在敘利亞大馬士革的奧米亞大清真寺中，與偉大的薩拉丁一起受萬民景仰。

旦河為人進行「洗禮」，所以叫做施洗者約翰。洗禮在宗教上，是一種與上帝建立關係的屬靈活動，執行者必須是純淨的，因此約翰住在曠野當中，靠著蝗蟲與蜂蜜存活下去，不沾染城市的汙穢，贏得眾人的敬重！但約翰說：「我是用水給你們施洗……但那在我以後來的，能力比我更大，我就是給他提鞋，也不配；他要用聖靈與火給你們施洗。」〈馬太福音 3:11〉「他」指的就是耶穌！

　　為什麼選擇在約旦河為人洗禮？因為約旦河與死海之間的高低落差很大，所以 2000 年前水勢非常湍急，在《聖經》中常比喻為困難之意，人要穩定站在河中需要高度的專注力和勇氣，因此約翰選擇在這裡進行洗禮，就是希望人們接受屬靈潔淨時，能夠專注感受神的恩澤！

約旦河洗禮壇

↑ 顯靈，摩洛畫作。描繪莎樂美和施洗者約翰 ↑ 基督受洗，委羅基奧畫作。左側天
　的頭 　使被認為是他的學生達文西所繪

　　另一個有趣的問題是：耶穌原本就屬靈，何必再進行這項儀
式？我個人認為：在基督宗教中有所謂的聖父、聖子、聖靈的存在，
而聖子耶穌是天主與人類之間的重要媒介，也是站在人類這邊，和
我們在一起的神明，所以耶穌並沒有高高在上，而是和我們吃、和
我們住、無論愉悅或痛苦，祂都和我們在一起，所以耶穌也接受洗
禮，是個很重要的象徵。

　　在亞得尼洗禮壇的入口大門前，有各國文字記錄著耶穌受洗的
經過，大家可以自費租件白色的袍子，下水浸在河中，體驗一下耶
穌的感受，有許多人會在河中感動得痛哭流涕呢！或者欣賞河岸的
風光，看看肥胖的鯰魚悠哉游泳。

Chapter
30

他伯迦

變出五千人的便當

Day 10

提比利亞→安曼

　　離開亞得尼之後，我們沿著加利利海北行 23 公里就到達他伯迦 (Tabgha)。加利利海是由充沛地下水所形成的湖，也是全世界海拔最低的淡水湖，低於海平面 213 公尺。由於四周群山環抱且地勢低窪，這裡經常發生強烈的落山風，吹得湖面波濤洶湧。耶穌曾經行走在此湖面上，斥責風浪。

　　我們的目的地就在加利利海的西北角，一個叫他伯迦的地方，那裡有五餅二魚堂 (Church of the Multiplication) 以及元首教堂 (Church of the Primacy of Saint Peter)，都是基督宗教非常重要的地點！尤其是「五餅二魚」典故的圖騰，時常出現在現代教堂之中，儼然成為教派的核心價值之一，也是四福音書中，唯一共同記載的部分。

　　這個故事的內容大概是這樣的：耶穌在以色列的北方，顯現許多神蹟後，越來越多人聚集在他的周圍，有一次大約 5000 人左右，在加利利海邊上，聽聞耶穌講道。到了吃飯時間，門徒們才驚覺：這麼多人的餐食該怎麼辦？去買肯定是不可能的。這時有個小孩自願捐出五個大麥餅和兩條魚〈約翰福音 6:9〉，這個小孩應該非常貧窮，因為當年大麥通常是用來當作家禽動物的飼料，而他帶著大麥做的餅，可見家中並不富裕，但他居然捐出自己的所有。本來耶穌的門徒安得烈，非常看不起這點東西，說道：「分給這許多人，還算什麼呢？」〈約翰福音 6:9〉

　　目光如炬的耶穌看出小孩純潔的善念，就叫門徒們讓眾人坐下，耶穌拿起餅和魚，祝謝之後，分給大家。等到眾人吃飽後，耶穌又令門徒收拾剩下的食物，免得被糟蹋，最後居然收集了 12 個籃子這麼多！

　　當然大家可以把上述的故事當成一個神話，不必去考據真實

性。但這就是基督宗教的核心價值之一，即「勿以善小而不為」，只要人們去做善事，哪怕最初是多麼小的念頭，都可能被不可思議的機緣所擴大。例如我們的證嚴法師，當初因為一灘血的善念所成立的功德會、所行的善舉，如今擴大到了全世界，這難道不是活生生的奇蹟嗎？

知道這個故事以後，來參觀五餅二魚堂是不是更有感觸呢？說話間車開到了停車場，我們下車吧。

現在大家眼前的教堂叫做五餅二魚堂，也有人稱為倍加教堂或變多教堂。從 4 世紀末開始，為了紀念前述的故事，在此建立教堂。教堂在戰亂下屢毀屢建，最後在西元 614 年遭波斯人破壞，直到 1968 年，法國考古隊才重新發現此地。現在的教堂於 1982 年重建，

→ 五餅二魚堂

→（左）尼羅河水量表
　（右）動植物馬賽克畫

但是內部的地板還是千年前的馬賽克地磚，非常值得一看！

　　大家一進來就能感受到教堂的與眾不同，因為這裡保存 5 世紀的建築風格，簡單又不失莊重。柱子頂部刻劃成莨苕支撐著古羅馬拱頂，顯得古色古香。正中央祭臺下方的石頭，就是傳說中耶穌「祝謝分餅」的地方。石頭前方的馬賽克畫，是號稱最細緻的「五餅二魚」圖騰，但也千萬別錯過祭臺兩側的千年馬賽克畫。

　　面對祭壇左側描繪的是本地各種野生動植物，右側的重點是尼

羅河水量表。別小看這些動植物的馬賽克,除了製作精美外,就目前的發現而言,早期教堂的馬賽克大多是幾何圖形,這裡用動植物來做圖案,可說是首創先例。另外,此處有個像燈塔的圖騰是尼羅河水量表,在中東地區算是鳳毛麟角。埃及在興建亞斯文水壩 (Aswan Dam) 以前,尼羅河大約在每年 7 月份會向左右岸氾濫,自然地對農地施肥。水量表就是用來計算氾濫的程度,作為明年徵稅的標準。

← (左) 五餅二魚堂祭臺
　 (右) 五餅二魚堂大廳

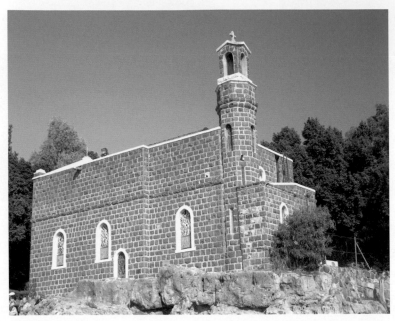

← 元首教堂

元首教堂

我們走出五餅二魚堂之後，往海邊的方向走不久，就到了元首教堂。這裡所指的元首可不是什麼總統或總理，而是指第一任教宗——彼得，所以這個教堂又叫做彼得獻心堂。獻什麼心？且聽我慢慢說來。

耶穌上了十字架之後，彼得和幾個門徒，回到加利利海重拾打魚的老本行。有一次前往海上捕魚，正當一無所獲時，耶穌顯靈（但大家不認識祂）站在岸邊叫漁夫們改在船的右側下網，沒想到居然捕到了 153 條大魚〈約翰福音 21:3–11〉。漁夫上岸後發現早餐已經準備好了。元首教堂內部有塊隆起的石頭，稱為「耶穌桌」，相

傳就是耶穌為眾人準備早餐的地方。

　　早餐過後，耶穌把彼得叫到一旁，3次問彼得說：「約翰的兒子西門（彼得的本名），你愛我嗎？」彼得也3次回應耶穌：「你知道我愛你。」耶穌最後說：「你餵養我的羊。」意思是叫彼得主持宣教工作。由於彼得3次誠心的回覆，所以這座教堂又叫做彼得獻心堂。教堂向海的一面有幾個臺階，據說就是耶穌呼喚指導捕魚的地方。

↑ 教堂內的耶穌桌

　　大家可以自由在湖畔拍照留影，我們待會兒見。

教堂外耶穌顯靈的臺階

八福山

Chapter
31

二千年前的理想

八福山

Day 10
提比利亞→安曼

　　離開他伯迦到下個景點八福山 (Mount of Beatitudes)，距離非常近，僅 5 公里不到。從 4 世紀開始，人們相信耶穌在那裡提出一系列的思想，作為信徒們做人處事的準則，這些理論後來被整理成基督宗教中非常重要的經典《登山寶訓》，相信就算你不是基督徒，也聽過這本書。現在就讓我帶著各位，前往那個動人的場所。

　　在這青翠的草原上，居高俯瞰加利利海，感受一陣陣的微風吹拂，散落各地的野花也獻上芬芳，當時有位奇人在此向上天祝禱，祂的存在吸引眾人扶老攜幼而來，其中有不少是身染奇症，醫生束手無策的患者。這些人如久旱望甘霖般，千里迢迢來到這裡，將希望寄予耶穌。

　　驚奇的時刻到了！不論任何痛苦疾病，耶穌都手起病落。耶穌不但要治癒他們的身，更要健全他們的心，提出為人處世的道理❶：謙虛、哀慟（慈悲）、溫柔、慕義、憐恤、清心、和睦以及為義受逼迫（寧折不屈）。這也是〈主禱文〉中，將天國建立在人間的條件。想想看，如果人與人之間都用這 8 種態度相處，喜悅的天國不就存在於你我之間嗎？所以這些理想，是有時代意義的。

加利利海

↑ 八福山耶穌傳道雕像

回到現代八福堂 (Church of the Beatitudes)，這座教堂在 1937 年重建，目前由聖方濟會的修女們管理。教堂中心呈八角形，無論是高處的彩色玻璃，或是地上的馬賽克畫都是那八句話：

一、虛心的人有福了；因為天國是他們的。

二、哀慟的人有福了；因為他們必得安慰。

三、溫柔的人有福了；因為他們必承受地土。

四、饑渴慕義的人有福了；因為他們必得飽足。

五、憐恤人的人有福了；因為他們必蒙憐恤。

六、清心的人有福了；因為他們必得見神。

七、使人和睦的人有福了；因為他們必稱為神的兒子。

八、為義受逼迫的人有福了；因為天國是他們的。

❶ 耶穌誕生的時間，可能是在西元前 7 ～前 4 年間。祂在此發表八福音說法，是在 30 歲以後的事，因此可能是西元 20 多年時。

→ 八福堂內部祭壇

　　其實還有第九福，在〈馬太福音〉5:11-12 中提到：「人若因我辱罵你們，逼迫你們，捏造各樣壞話毀謗你們，你們就有福了。應當歡喜快樂；因為你們在天上的賞賜是大的……」這句話的力量有多大？它幫助早期的基督徒堅守信念，度過羅馬帝國數百年的迫害，使基督宗教成為今日世界的三大宗教之一。

　　接下來自由參觀，建議到花園走走，靜下心來感受自然環境。等等我們一起去享用午餐彼得魚。什麼是彼得魚？到餐廳再說。

八福堂

迦百農

漁夫戒指的故鄉

迦百農

✈
Day 10

提比利亞→安曼

← 彼得魚

　　中午我們要品嚐當地的特餐彼得魚，令人引頸期待的魚（加薯條）好不容易上桌，一看這……不就是吳郭魚嗎？什麼彼得魚？其實這是有典故的。在〈馬太福音〉中有個故事：有一天收稅的人來找彼得說：「你們的先生不納丁稅（人頭稅）嗎？」〈馬太福音17:24〉於是耶穌吩咐彼得：「你且往海邊去釣魚，把先釣上來的魚拿起來，開了他的口，必得一塊錢，可以拿去給他們，做你我的稅銀。」〈馬太福音17:27〉所以囉，享用彼得魚是這裡必選行程之一，在財運上有加分的效果噢！

　　享用完午餐，接著要前往以色列的最後一個景點：迦百農(Capernaum)。這裡在耶穌的時代，是相當重要的城鎮，除了本身是繁忙漁港，也因位於交通要道上，當時就有大量駐軍，甚至存在稅關。正因為這裡的繁華，當耶穌開始宣傳祂的理想時，就選擇從這裡開始，實在是明智的決定。

　　耶穌第一批信徒也從這裡招募，其中最重要的就是彼得兄弟！彼得本名西門，後來讓耶穌改為彼得，意指磐石。彼得在《聖經》中有許多不得體的言行，更有很多明顯的缺點，但

↑ 彼得塑像

耶穌還是將「天國的鑰匙」交給他，因為耶穌要的就是使缺陷成為完美。

到了迦百農入口隨即能看到一座彼得雕塑，腳下踏著一隻魚，表示他出身漁夫（歷代教皇手上都有一個戒指，被稱為漁夫之戒，代表繼承彼得的工作），左手持牧羊杖，右手拿著 2 把鑰匙，底部銘刻：「彼得，我要把我的教會建造在這磐石上。」〈馬太福音16:18〉咦？剛才不是說把「天國的鑰匙」交給彼得，那另一把是什麼？另一把是「教會的鑰匙」。

這個景點位於一片 4 世紀左右的村落遺跡裡，當中有座 1990年建成的現代化建築，突兀地樹立在遺跡上，這是為了把彼得的故居保護起來。走進內部可以發現裡面是個八角形的教堂，布置得非常簡約。正中央有個正方形的透明玻璃，可以清楚看到下方的古代遺跡，那就是第一任教宗彼得的故居。也許各位會問：彼得的家怎麼像個八陣圖？嗯……，是有點像，還記得耶路撒冷橄欖山的升天寺嗎？那個建築也是八角形。彼得故居在 1500 年前被改建成一座

↘ 彼得紀念教堂遺跡

↑ 彼得故居

　　像升天寺一樣的紀念堂。正中央原本有一隻孔雀的馬賽克畫，象徵耶穌不死的肉身，現已不復存在。

　　參觀完彼得故居後，緊接著參觀猶太會館遺跡。西元前 586 年，以色列人被迫移居巴比倫後，猶太教逐漸成為他們生活的重心，猶太會館就是那時候開始逐步設立。當時的會館兼具多種功能，除了宗教外，也有集會、教育、救濟甚至審訊等用途，是維持民族向心力的重要設施，直到他們返回故里。被迫在世界流浪千年的過程中，猶太會館都發揮了聚集民心的作用，極具傳奇色彩！

　　步入猶太會館前，請大家先到遺跡的側面，可以清楚看見白色建築下面有一層黑色的地基，此為 1 世紀左右的會館遺跡；而白色建築則是 4 世紀的作品，兩者巧妙地結合在一起。這層 1 世紀的遺跡，值得特別介紹一下。根據〈路加福音〉記載，此會館是由一位

羅馬的百夫長捐助興建，也就是由「外邦人」所資助。耶穌曾經對門徒讚嘆那位百夫長：「我告訴你們，這麼大的信心，就是在以色列中我也沒有遇見過。」〈路加福音 7:9〉那位百夫長做了什麼？能夠得到耶穌如此高度的稱讚？要知道百夫長在當時是極有權威的人，但他為了身分低微的僕人生病，親自拜訪耶穌請求醫治。當耶穌準備前往時，百夫長謙卑地說：「主阿！不要勞動；因你到我舍下，我不敢當；……只要你說一句話，我的僕人就必好了。」〈路加福音 7:6–7〉想想耶穌剛開始在家鄉傳教受阻的挫折，再聽到這句話，難怪祂會感嘆。也正因為耶穌在迦百農這裡，行過非常多神蹟（可以說是以色列中最多的地方），這位羅馬的百夫長，見證如此多的奇蹟，成為第一位外邦信徒。可惜他沒有留下姓名，千年之後，僅留下那一層石基。

→（左）猶太會館外牆
　（右）猶太會館祈禱大堂

↑ 彼得紀念教堂遺跡與遠方的猶太會館

　　講了半天，終於要進入會館了。在進入之前，原諒我，再請大家看一眼周邊的古蹟，馬上就能體會這座會館非常不一樣！在一片黑色玄武岩的民居當中，白色石灰岩建築有多醒目，就不必多言了。其實猶太會館就是為了要讓人想起耶路撒冷的聖殿，還記得前面介紹聖殿時，有提到當時人們遙望聖殿，如同「雪山」的景觀嗎？會館的顏色與周圍的建築反差這麼大，就是這個道理。

　　會館有 3 個大門，向南朝著耶路撒冷的方向。門口附近放置著一些碎石，是當時門楣或簷角的雕刻品，可以看到它的裝飾豐富，包括幾何圖案、植物、動物、七燈臺等，不難想見千年前有多豪華！進來之後，首先置身在祈禱大堂，按照猶太人的習慣，會在大堂中放置一個可移動的櫃子，裡面存放著經文，以及一根專門讀經用的棒子，經文不翻閱時會加上王冠，表示經文中律法的崇高地位。還可以看到兩側長長的雙層石長凳，和 16 支石柱。這個大堂原本有個 2 樓的環廊，也許是婦女們的位置。東面（右側）是個副堂，背後也有個小室，都與祈禱大堂相接。

祈禱大堂

← 門楣殘跡

　　參觀完這裡，我們在以色列的行程已經全部結束了。大家可以遊覽會館周圍的民宅，看看古代人們的生活痕跡，例如：石磨、榨橄欖油、做麵包的器具仍清晰可見，感受在相同的空間裡，與古人不同的時間交會。如此繁榮的村莊，現今成為一片廢墟，正如耶穌當年說：「迦百農啊！你已經升到天上；將來必墜落陰間。」〈馬太福音 11:23〉人世間沒什麼是永恆的，只有珍惜現在。

　　我們要再越過一次以色列、約旦邊境，回到安曼去，中途還有一個東方龐貝：傑拉西 (Jerash) 等待著大家。

↘ 律法之冠，攝於耶路撒冷博物館

↘ 迦百農民居遺跡的石磨

歸途‧返回約旦

✈ Day11 安曼→臺灣

傑拉西

Chapter
33

告別東方龐貝

傑拉西

✈
Day 11

安曼 → 臺灣

經過這些日子的相處，我們一起走過約旦、以色列各個重要景點，現在要離開這塊「聖地」，準備搭機回家了。在此之前，我們還有一個地方要看，那就是羅馬帝國的東方龐貝：傑拉西。

過了以色列、約旦邊境，前往位於約旦首都安曼北方 40 公里的傑拉西古城。這裡位於基利峽谷 (Gilead Valley) 之內，從新石器時代開始就有人類居住，歷經銅器、鐵器時代依然人跡不斷。到了亞歷山大大帝時代，發現此處不但土地肥沃，而且擁有良好的防禦性，於是加以建設，使這個城市逐漸繁榮起來。西元前 63 年，羅馬共和晚期，龐培 (Gnaeus Pompey, 106B.C.～48B.C.) 征服這片土地，傑拉西因此成為羅馬的領土。

因為希臘化時代影響，包含傑拉西在內的敘利亞、以色列等地區，有 10 個城市由於語言、文化集合成一個鬆散的聯盟，稱之為德卡波利斯（Decapolis，中文《聖經》稱為低加波利），之後成為羅馬帝國統治下的自治區。而傑拉西在 10 個城市中最大、最為繁榮；也是羅馬帝國在地中海東岸，最璀璨的城市。

傑拉西的興盛與南方的佩特拉息息相關，因為和他們貿易往

現代與古代傑拉西

來，成就了傑拉西的富有。在西元 129 年時，羅馬皇帝哈德良還因為此地的繁榮前來參訪。3 世紀時，傑拉西發展達到巔峰，有 2 萬左右的人口在此居住，之後海上貿易活動興起，陸上商路逐漸衰退。5 世紀時傑拉西終於衰退成一個小鎮，西元 749 年一場空前的大地震更加速了這裡的沒落。十字軍東征年代，歐洲來的士兵，從這個小鎮取走大量的石材去興建堡壘，最後傑拉西疲憊的身影被沙漠擁抱在懷裡，淡出人們的記憶之外。直到 1806 年，休息千年的傑拉西，終於被德國旅行家烏利齊‧賈斯珀‧塞岑 (Ulrich Jasper Seetzen, 1767～1811) 喚醒，1925 年重新梳妝打扮後，再度出現在世人的眼前，風華令人驚豔。

到了停車場，還在傑拉西的城外，就可以看到羅馬式的凱旋門。這座凱旋門是西元 129 年時，特別為了迎接羅馬帝國皇帝哈德良的來訪所建造。過了凱旋門，可以在左手邊看到一系列整齊劃一的遺跡，這是當年的馬廄。也許各位會感到奇怪：為什麼把馬廄設在城外？那是因為羅馬時代，經常有信差往來各個城市間，這些馬廄就是提供信差換乘馬匹使用，如此可以加速信息的傳送，以便政府能夠快速應對各地區的狀況，這也是羅馬帝國強盛的秘訣之一。

當然馬廄為什麼在這裡的另一個原因，就是它緊靠著傑拉西

哈德良凱旋門與後馬廄

↑ 哈德良凱旋門

↑（上）賽馬場（下）南門

最大的競技場，所以平時也提供
這裡的賽事使用。這座競技場長
245 公尺、寬 52 公尺。可以容納
1 萬 5000 名觀眾觀看賽馬、戰車比賽以及其他運動。確切的建成
日期不明，大約在 2～3 世紀之間。

　　再往前走一點，才真正看到傑拉西的南門，兩側的城牆依然可
以清晰看到。城牆把傑拉西包裹起來，過了南門之後，就是傑拉西
的代表性建築──橢圓形廣場。它興建於 1 世紀，由 56 根愛奧尼
柱式 (Ionic Order) 石柱所構成（參 252～253 頁），提供居民聚會、
休憩使用。左側的柱子比較完整，可以看到廣闊的人行道和柱廊；
中間的祭壇和噴泉是 7 世紀才增建。

　　傑拉西有南北兩個劇場（可見居民日子過得挺不錯的），南劇

橢圓形廣場

場就在橢圓形廣場的西南方（參 262 頁），興建於西元 90～92 年
之間，可容納超過 3000 名觀眾，具有良好的擴音效果，因此至今
仍在傑拉西文化藝術節中，作為表演場地使用。有沒有哪位朋友願
意為我們高歌一曲？噢……還真有人表演細胞發作，願意表演一
下，那我們趕快坐下來欣賞。部分座位上，仍然可以看到希臘字母
的座位編號，如果你願意爬到最上面一排座椅，就能夠看到整個傑
拉西遺址風貌，而且表演者的歌聲聽起來依然清晰明亮呢。

劇場旁是希臘最高神祇宙斯的神殿，建於西元 162 年，全由
15 公尺高的科林斯柱式包圍，從如此巨大的柱子不難看出，當年

← 南劇場

宙斯神殿

→ 拜占庭式教堂

有多壯麗。

　　接下來，走過一小段荒地，前往傑拉西最美麗的一座拜占庭式教堂。目前當地發現 15 座教堂，這座無疑是最特別的！因為它有 3 個殿堂，獻給 4 位聖人，包括聖科斯馬斯和聖達米安 (Saints Cosmas and Damian) 這對孿生兄弟，還有施洗者聖約翰、聖喬治。加上傑拉西最燦爛的馬賽克地板，內容包括四季、植物和動物圖像，以及聖狄奧多 (Saint Theodore) 張開雙臂祈禱。大家可能沒聽過上述的孿生兄弟，他們倆是醫生，後來因為基督徒的身分曝光而殉道。

　　然後我們將前往傑拉西最大的宗教建築阿爾忒彌斯神廟 (Temple of Artemis, Jerash)，也就是希臘神話故事中太陽神阿波羅的孿生姊妹：月亮女神阿爾忒彌斯。這位女神在中東地區非常受到

阿爾忒彌斯神廟

崇敬，環顧四周，處處可見當年的柱廊遺跡，這裡的面積可以放我
們臺灣的成功級巡洋艦 9 艘，可見這座神廟有多大！

　　參觀完神廟，順著臺階向下走，經過一處祭壇，就來到傑拉西
的中央大街。這條大街由 500 根巨柱所組成，非常壯觀，許多電影
都曾到此取景。向南走回去，馬上就到了傑拉西的中心，可以看到
一座大型觀賞噴泉遺跡，稱為水神殿 (Nymphaeum)。這座雕刻非
常精美的建築，始建於西元 191 年，為傑拉西的人民提供了美麗的
休閒場所及代表性建築，甚至時常成為當地人民舉行婚禮的場地。
大家可以看到圓形的牆壁上有 7 個洞，那是出水孔，原本由 7 個獅
頭所噴出的水柱，共同灌注在一個雕刻精美的石盆中，構成壯觀的
噴泉景觀。

　　水神殿旁原本是羅馬酒神的神殿，但在 4 世紀時，被改造成聖
母馬利亞的拜占庭式教堂，現在稱為大教堂。繼續向南走就會經過
南十字街，為傑拉西古城中兩個十字路口之一，這裡可以看見 4 個
巨大基座，可能當年共同支撐著某一建築物，作用是調節南來北往

列柱大道

的交通。想像一下千百年前，有位交通警察在這裡指揮交通，是個多有趣的畫面啊。

再往南走，就到了傑拉西的食品市場。這座市場建造於西元211年，主要提供肉品交易。八角形的迴廊中，中庭沒有屋頂，讓空氣得以流通，使肉類的味道散去。加上中央噴泉，讓交易環境更加優美。這裡也是討論政治，交換訊息的公共場所。值得一提的是，據說在傑拉西上街買菜的，大都是男人，可能這裡的男人比較長舌，可以在噴泉旁相互說老婆壞話。

食品市場的斜對面是傑拉西博物館，收藏遺跡中所發現的文物，包括黃金首飾、硬幣、玻璃等等。

走回停車場，回到安曼的車程差不多1小時，半途中會讓車暫停，去看

→ 市場

↑ 傑拉西示意圖

一條汙濁的小溪。汙濁的小溪有什麼好看的？這條小溪在《聖經》中非常有名，叫雅博河 (Jabbok)。《聖經》中記載，亞伯拉罕的孫子雅各，有一次莫名其妙在這裡跟天使打起架。每一次被打敗，雅各都爬起來再戰，最後雅各終於贏了一次，天使對他說：「你這麼頑固叫什麼雅各？乾脆叫以色列吧。」因此雅各為猶太人贏得了「不服輸」之名：以色列。

從歷史上來看，猶太人的確骨子裡流著「不服輸」的血液，遠自掃羅王對上非利士人，連嚐 40 天 80 場的敗仗，依然不退。再看滅國後的「巴比倫之囚」到復國歷程，又在馬薩達力抗羅馬帝國壯烈犧牲，以及 2000 多年的浪跡天涯，猶太人都是懷抱著希望，絕不放棄！終於成就人類史上奇蹟的一頁。雖然現在國土狹小，而且危機四伏，但沒人敢小看這個國家，可能要感謝祖先雅各，在這裡為後世爭取到「不服輸」的好名字吧。

隨著這個故事的結束，我們的行程也即將畫下句點。感謝大家在這段時間的支持！最後提醒各位，搭乘阿聯酋的班機在杜拜轉機時，如果時間超過 4 小時以上，可以在轉機櫃檯換餐券（換完為止），然後依照餐券上所標示的餐廳取餐。在飛往臺灣的班機上，可以向空服員索取一小瓶酒（紅或白酒）。希望有緣再度相會！

雅博河

圖片出處

圖片所在頁數	圖片來源
8 ～ 9、10、12、16（右）、19、20、21（左）、23、24 ～ 25、26、27（下）、29（右）、33、40、41、49、51–1、56 ～ 57、58、64、66（底圖）、67、68、70（底圖）、73、74（左）、78、79（下）、80（右）、82、83（底圖）、88–1、91、92、94（上）、98、99、100、102、104–3、106、107、110、113（右）、122、133、134、135、137、138（右上）、139、141–1、141–3、144、148、152（左）、152（底圖）、153、154、157、158、160、165、172 ～ 173、174、177、184（底圖）、186、187、188、190、191、192、195、196（下）、197、198、199、200、203、206 ～ 207、212、214、217、220（下）、221、225、226、227、228、236、237（右上）、240、242、243（下）、244、230、252 ～ 253	Shutterstock
149、230（左）、232	Wikimedia Commons
16（左）、76、97–4、145、230（右）	作者提供 引用自奇美博物館
89、136（下）、138（左）、138（右下）、155	作者提供 引用自 Google 地球
上述圖片以外	作者提供

◎ 帶這本書去埃及

真實的埃及，除了神祕與奇幻外，還有非常
迷人與悠閒的一面，到處都充滿了驚奇與喜
悅。走吧！讓資深領隊帶您一探究竟。跳脫
坊間傳統的旅遊書籍，擺脫名片式景點介紹，
把埃及的歷史、文化、美景與閒散，搭配百
張不容錯過的獨家影像，結合在每日旅遊行
程中。

◎ 情繫西班牙

榮獲「2018年僑聯海外華文著述獎學術論著」
社會人文科學類佳作。旅居歐洲四十餘年的臺
灣女作家楊翠屏，藉由感性的筆觸，與實地拍
攝的照片，介紹西班牙各個城市的故事、多元
的文化、藝術與歷史。使讀者享受深層的體
驗，以及被故事包圍的幸福旅程。

國家圖書館出版品預行編目資料

帶這本書去聖地／吳駿聲著.——初版一刷.——臺北
市: 三民, 2019
　　　面；　公分

　　ISBN 978–957–14–6738 –2（平裝）
　　1.旅遊 2.以色列 3.約旦

735.39　　　　　　　　　　　　　108017460

生活・歷史

帶這本書去聖地

作　　者	吳駿聲
責任編輯	洪曉萍
美術編輯	陳惠卿

發 行 人	劉振強
出 版 者	三民書局股份有限公司
地　　址	臺北市復興北路 386 號 (復北門市)
	臺北市重慶南路一段 61 號 (重南門市)
電　　話	(02)25006600
網　　址	三民網路書店 https://www.sanmin.com.tw

出版日期	初版一刷 2019 年 11 月
書籍編號	S740680
I S B N	978-957-14-6738-2

三民書局